Peter Sabbagh

Die Entwicklung der Harmonik bei Skrjabin

Umschlagbild: Skrjabin am Flügel. Nach einer Zeichnung von Leonid Pasternak.
Herstellung: Books on Demand GmbH
Printed in Germany
ISBN 3 - 8311 - 1866 - 3

Dank

An dieser Stelle möchte ich meinem Doktorvater Herrn Prof. Dr. Peter Petersen danken, der mir diese Arbeit ermöglicht hat und mir durch konstruktive Hinweise immer wieder neue Anregungen gegeben hat.

Besonders danke ich meiner Frau, die mich während der Arbeit sehr unterstützt hat.

Ferner danke ich Lars Nysten für die kompetente Beratung in Computerfragen.

Folgenden Verlagen bin ich sehr verbunden für die freundliche Genehmigung zum Abdruck von Notenbeispielen: Breitkopf und Härtel, Wiesbaden, Leipzig, Paris; Ernst Eulenburg Ltd., Londen; Schott Musik International, Mainz; Bärenreiter-Verlag, Kassel; G. Henle Verlag, München; C. F. Peters, Musikverlag, Frankfurt/M., Leipzig, London, New York.

Last but not least danke ich meinen Eltern, die mir meine Ausbildung ermöglicht haben. Ihnen widme ich diese Arbeit.

Die vorliegende Arbeit wurde als Dissertation vom Fachbereich Kulturgeschichte und Kulturkunde der Universität Hamburg angenommen. 1. Gutachter: Prof. Dr. Peter Petersen, 2. Gutachter: Prof. Dr. Manfred Stahnke. Tag der Disputation: 7. Februar 2001.

Inhalt

Einleitung

Die Entwicklung . . .

Wie entsteht Neues? Es entwickelt sich allmählich aus dem Alten. Der Aspekt, der mich dabei besonders interessiert, ist die Entwicklung.
Unter Entwicklung versteht man einen dynamischen Prozeß, bei dem sich etwas verändert und dadurch etwas Neues entsteht. Veränderung heißt nicht, daß das Alte durch etwas Neues komplett ersetzt wird, sondern es bedeutet, daß einige Elemente des Alten erhalten bleiben, andere wiederum nur variiert werden, in dem sie zum Beispiel gesteigert oder weitergedacht werden.
Um eine Entwicklung nachvollziehen zu können, ist es einerseits notwendig zu verstehen, auf welche Art Elemente des Alten verändert, variiert oder gesteigert werden, andererseits aber auch zu erkennen, was erhalten bleibt.

. . . der Harmonik . . .

Die Harmonik ist in Skrjabins Tondenken das zentrale Moment. Aus ihr wird alles andere entwickelt: Sie ist formbildend, auch die Melodik wird, besonders im Spätwerk, von der Harmonik bestimmt.

„...Harmonie wird Melodie und Melodie Harmonie. Bei mir gibt es keinen Unterschied zwischen Melodie und Harmonie . . .“ [1]

Harmonie wird Melodie heißt bei Skrjabin, daß Harmonien zu Melodien „entfaltet“ werden, indem Akkordtöne nicht gleichzeitig, sondern nacheinander erklingen. Mit „Melodie wird Harmonie“ ist aber nun nicht der umgekehrte Fall gemeint, daß ein melodischer Einfall durch die Gleichzeitigkeit ihrer Töne eine Harmonie bildet. Sondern es bedeutet vielmehr, daß melodische Einfälle von Skrjabin in Harmonien eingepaßt werden, das heißt, es wird unter Umständen deren melodischer Sinn leicht verändert, so daß sie eine bestimmte harmonische Wirkung erhalten. Das zeigt, daß die Harmonik ganz zentral das Denken Skrjabins bestimmt.

---

[1] Leonid Sabaneev, Vospominanija o Skrjabine (Erinnerungen an Skrjabin), Moskau 1925, S. 47.
Hier zitiert nach: Musik-Konzepte 32/33, Aleksandr Skrjabin und die Skrjabinisten, herausgegeben von Heinz-Klaus Metzger und Rainer Riehn, edition text + kritik, 1983, S. 8

. . . bei Skrjabin

Die Entwicklung Skrjabins ist deswegen so interessant, weil folgerichtig und konsequent Tendenzen, die bereits vor ihm bei anderen Komponisten, Theoretikern oder in der Tradition angelegt waren, weitergedacht werden.
Der Entwicklungsprozess Skrjabins geht sicherlich nicht gradlinig und zielgerichtet, auch wenn Skrjabins Äußerungen, wie: *„Ich erarbeite gerade einen neuen Stil, und welche Freude, es geht so schön voran."*[2] das nahelegen könnten. Aber auch das Erarbeiten eines neuen Stils geht nicht gradlinig voran, sondern durch „Experimentieren", durch Ausprobieren verschiedener Möglichkeiten. Davon werden einige weiterentwickelt, andere erweisen sich als Sackgassen und werden nicht weitergedacht.
Skrjabin schlägt immer wieder andere, neue Wege ein, einige davon erweisen sich als Sackgassen, andere sehen zunächst nur so aus, erweisen sich aber später, nachdem andere Entwicklungen ein bestimmtes Stadium erreicht haben, als sehr fruchtbar und zukunftsweisend. Einige Entwicklungslinien jedoch lassen sich ziemlich konsequent in Skrjabins Werk verfolgen.
Eine Aussage darüber, wie Skrjabins Komponieren genau vor sich ging, ist nicht möglich, denn der Kompositionsprozeß ist ein Wechselspiel aus Intuition und Kalkül.

Was ist „Intuition" was ist „Berechnung"? So sagt Skrjabin zum Beispiel zur Theorie Sabaneevs, der „Prometheus-Akkord" sei aus der Obertonreihe gebildet:

„Ich finde intuitiv meine Klänge und Harmonien, und mögen Akustiker sie lehren, wenn es ihnen nötig ist. Mir ist es angenehm, wenn wissenschaftliche Daten mit meiner Intuition zusammenfallen, und das ist schließlich auch unvermeidlich. Bei mir war immer der Primat der Intuition. Natürlich das Prinzip der Einheit fordert, daß Wissenschaft und Intuition zusammenfallen."[3]

An anderer Stelle sagt Skrjabin dann:

„Ich finde immer, daß die Mathematik in der Musik eine große Rolle spielen muß. Ich mache manchmal geradezu Berechnungen beim Komponieren, Berechnungen der Form"[4]

---

[2] Über Poème de 1 'Extase in einem Brief an Tatjana Fedorovna Schloezer 1904 aus Paris zitiert in: Musik-Konzepte 32/33, Aleksandr Skrjabin und die Skrjabinisten, S. 6

[3] Leonid Sabaneev, Vospominanija o Skrjabine (Erinnerungen an Skrjabin), Moskau 1925, S. 64. Zitiert in: Musik--Konzepte 32/33, S. 8

[4] Sabaneev S. 270 / Musik-Konzepte 32/33, S. 9

Um Skrjabins Denken zu verstehen, kann man versuchen, wiederkehrende Strukturen in Skrjabins Werken zu finden. Strukturen, die aus der Tradition abgeleitet sind und von Skrjabin auf eine unverwechselbare Art und Weise verändert wurden.
Diese Strukturen und deren Veränderungen zu beschreiben und sie auf ein Denkmodell zurückzuführen, ist das Ziel der vorliegenden Arbeit. Das wiederholte Auftreten dieser Strukturen bietet die Möglichkeit der Analyse, des Nachvollziehens einer übergreifenden Entwicklung in Skrjabins Werk.
Darüber hinaus lassen sich größere historische Entwicklungen darstellen. Es lassen sich auf diese Weise Entwicklungslinien zu anderen Komponisten, an die Skrjabin anknüpft, und solchen, die später an Skrjabin anknüpfen, ziehen.

Problemstellungen

In der Musikgeschichte vollziehen sich Entwicklungen, was das musikalische Denken betrifft, zu verschiedenen Zeiten mit unterschiedlichen Geschwindigkeiten. Vergleicht man z.B. die Zeitspannen von jeweils 70 Jahren zwischen 1520 und 1590 bzw. 1755 bis 1825, so kann man sagen, dass sich das musikalische Material und seine Anwendung in der ersten Zeitspanne kaum verändert hat, in der zweiten Zeitspanne hingegen eine rasante Entwicklung stattgefunden hat.

Zwischen Skrjabins erstem Werk, einem Kanon in d-moll des zwölfjährigen aus dem Jahr 1883 und den letzten Werken, Poèmes und Préludes aus dem Jahr 1914, liegen nur 31 Jahre. In dieser vergleichsweise kurzen Zeit durchläuft er eine atemberaubende Entwicklung. Skrjabins frühe Werke stehen noch deutlich in der romantischen Tradition. Das Spätwerk allerdings weist weit ins 20. Jahrhundert.
Weil Skrjabins Entwicklung so folgerichtig und konsequent verläuft, daß nirgends ein Bruch entsteht, schafft Skrjabin eine Verbindung der Musik des 19. mit der Musik des 20. Jahrhunderts. Da einige Komponisten des zwanzigsten Jahrhunderts, wie z.B. Olivier Messiaen, diese Entwicklungen aufgreifen und fortführen, versteht man, wenn man die Entwicklung Skrjabins versteht, die Anbindung auch dieser Komponisten an die Tradition.

Es geht in dieser Arbeit um die zentralen Fragen:
Welche Elemente der Harmonik Skrjabins sind neu und was bleibt aus der Tradition erhalten?
Ist die Entwicklung Skrjabins folgerichtig, ist sie einmal in Gang gesetzt zwangsläufig?
Gibt es etwas Elementares im Denken Skrjabins, das diese Entwicklung vorantreibt?

Procedere

Das harmonische Denken ist, sehr viel mehr als das melodische Denken, vertikal orientiert, das heißt Harmonik ist vor allem bestimmt durch die Zusammenklänge. Eine harmonische Untersuchung versucht die Gesetzmäßigkeiten in den Strukturen der Zusammenklänge zu verstehen und diese Akkorde auf einen Grundton zu beziehen.
Harmonik hat aber nicht nur eine vertikale Perspektive, sondern auch eine horizontale. Hier gibt es zwei wichtige Aspekte:
1. Die Klangverbindung, also Fragen der Stimmführung, wie z. B. die Auflösung von Dissonanzen.
2. Die Klangfortschreitung. Dieser horizontale Aspekt ist in allen bisherigen Arbeiten über die Harmonik Skrjabins meist vernachlässigt worden. Er ist aber für das Verständnis einer Harmonik mindestens genauso wichtig wie die Beschreibung der Strukturen der Zusammenklänge: Es geht doch bei dem Verstehen von harmonischen Vorgängen besonders auch um die Frage der Akkord-Fortschreitungen, also um die Frage, ob es einen Zusammenhang zwischen den Grundtönen der Akkorde gibt oder anders ausgedrückt, ob es ein übergeordnetes System gibt, in dem sich die Grundtöne der Akkorde bewegen.

Durch die Anordnung der Zusammenklänge aufgrund eines Klangfortschreitungssystems entstehen Tonsysteme, die die Grundlage für die Bildung von Tonarten, Skalen oder Modi sind.

Die vorliegende Arbeit besteht aus drei Teilen. Jeder dieser Teile befaßt sich schwerpunktmäßig mit einem dieser drei Grundsäulen des harmonischen Denkens. Im ersten Teil untersuche ich die Strukturen der Zusammenklänge, im zweiten wende ich mich dann den Klangfortschreitungen zu, um im dritten Teil die Tonsysteme genauer zu untersuchen.
Es geht in dieser Arbeit auch um den Zusammenhang dieser drei Grundsäulen der Harmonik untereinander.
Der „Prometheus" op. 60 ist ein sehr wichtiges und zentrales Werk im Schaffen Skrjabins, weil es das erste Werk ist, das die Dur-Moll-Tonalität verläßt. Deswegen sind die beiden ersten Teile der vorliegenden Arbeit wiederum unterteilt in je zwei Teile: Die Entwicklung bis zum „Prometheus", also bis zur Auflösung der traditionellen Dur--Moll-Tonalität und die Entwicklung danach.

Basis der Untersuchung waren neben den Noten auch Äußerungen Skrjabins aus Briefen[5] und aus den „Erinnerungen an Skrjabin"[6] von Leonid Sabaneev, einem engen Vertrauten des Komponisten.

---

[5] A. Skrjabin, Pis'ma (Briefe); hrsg. von A.V. Kasperov, Moskau 1965, zitiert in : Musik-Konzepte 32/33, Aleksandr Skrjabin und die Skrjabinisten, herausgegeben von Heinz-Klaus Metzger und Rainer Riehn, edition text + kritik, 1983 S. 5 ff. in der Übersetzung von Gottfried Eberle

Außerdem greife ich in Bezug auf die Struktur der Zusammenklänge auf eine Arbeit von Gottfried Eberle zurück, in der die historische Genesis des „Prometheus-Akkordes" nachgezeichnet wird.[7]

Neu an der vorliegenden Arbeit ist die Untersuchung des übergreifenden Fortschreitungssystems und die Darstellung der historischen Wurzeln dieses Systems. Neu ist auch die Darstellung des Zusammenhangs zwischen den drei Grundsäulen der Harmonik und die Untersuchung der Frage: Welche Folgen haben Veränderungen bei einer dieser Grundsäulen auf die anderen? Ebenso neu ist die Frage nach der treibenden Kraft dieser Entwicklung.

Die Harmonik Skrjabins in der bisherigen Forschung

Es gibt, grob gesehen, drei Ansätze die Harmonik Skrjabins zu betrachten. Der eine versucht Skrjabin aus der Tradition herzuleiten, der andere sieht in seinem Spätwerk eine Vorform zukünftiger Musik. Darüber hinaus gibt es Arbeiten, in denen beide Ansätze verfolgt werden.
Diese Ansätze hängen jeweils davon ab, welcher Teil des Gesamtwerkes Skrjabins im Mittelpunkt der Aufmerksamkeit steht.
Skrjabins Werk wird in drei Perioden unterteilt: frühes, mittleres und spätes Werk. Diese Einteilung nahm zum ersten Mal 1921 Boris de Schloezer, der Schwager Skrjabins, in einem Aufsatz in der „Revue Musicale" vor.[8] Als Frühwerk gelten danach die Werke bis einschließlich op. 29, also der 2. Sinfonie, die mittlere Periode reicht von der 4. Klaviersonate op. 30 bis unmittelbar vor den „Prometheus" op. 60 und als Spätwerk gelten die Werke vom „Prometheus" an.

In der sowjetischen Musikforschung stehen die frühen und mittleren Werke im Vordergrund. Häufig wird die Auffassung vertreten, Skrjabin habe die Tonalität eigentlich nicht verlassen und sei lediglich an die Grenze zur Atonalität vorgestoßen.[9]

---

[6] Leonid Sabaneev, Vospominanija o Skrjabine (Erinnerungen an Skrjabin), Moskau 1925, zitiert in Musik-Konzepte 32/33 a.a.O., S. 8 ff., in der Übersetzung von Gottfried Eberle

[7] Gottfried Eberle, Zwischen Tonalität und Atonalität, Studien zur Harmonik Alexander Skrjabins, Musikverlag Emil Katzbichler, München-Salzburg 1978

[8] Boris de Schloezer, Alexandre Scriabine, in: Revue Musicale, 2, 1921, H. 9, S. 27 ff.

[9] Gottfried Eberle, Zwischen Tonalität und Atonalität, S. 8 ff.

Diese Sichtweise ist wahrscheinlich ideologisch beeinflusst,S denn der „Modernismus" wurde als von der „reaktionären idealistischen Philosophie [...] der bürgerlichen Kultur" beeinflußt abgelehnt, weil diese das „Bewußtsein vergifte", wie es bei L. Danilevic heißt.[10]
So werden die Harmonien des Spätwerks, zum Beispiel bei Olga Sachaltujeva, als „Zwischendominanten ohne Tonika" erklärt.[11]
Eine andere Theorie, von Vera P. Dernova,[12] entwickelt eine Theorie des Taneev-Schülers Boleslaw L. Javorskij weiter. Dieser sieht als Kern eines Systems die Doppeldeutigkeit der Tritonusauflösung an. Der Tritonus löse sich in eine Sexte oder enharmonisch als verminderte Quinte umgedeutet in eine Terz auf. Beide Auflösungsformen gleichzeitig ergäben ein „doppeltes System" oder „Doppel-Tonarten".
Dernova geht von zwei Dominanten aus: Da und Db, die im Tritonusabstand stehen. Die dazugehörigen Toniken heißen Ta und Tb. In den späten Werken Skrjabins fehlen diese Toniken dann allerdings. Sie sieht in Skrjabin den ersten Komponisten, der in seinem Spätwerk ausschließlich Doppeltonarten verwende.

Eine Reihe von Arbeiten widmen sich speziell dem „Prometheus-Akkord". Carl Dahlhaus sieht den Ursprung des „Prometheus-Akkordes" in der Geschichte der Harmonik als Dominantnonenakkord mit Leittonvorhalt zur Quinte oder tiefalterierte Quinte und der Sexte als „harmoniefremdem" Zusatz.[13]
Manfred Kelkel[14] sieht den „Prometheus-Akkord" als Dominant-Tredezimenakkord ohne Quinte, bestehend aus Grundton, Terz, Septime, None, alterierte Undezime und Tredezime. Durch Umschichtung dieses Terzenaufbaus in Quarten, entsteht der „Prometheus-Akkord". Kelkel untersucht in dem dreibändigen Werk neben der Biographie auch die Weltanschauung Skrjabins und geht auf Form und Rhythmus ein.
Peter Dickenmann[15] untersucht in seiner Dissertation nur die Werke der frühen und

---

[10] L. Danilevic, A. N. Skrjabin, übertragen von Margarete Hoffmann, Leipzig 1954, S. 5. zitiert bei G. Eberle

[11] Olga Sachalteva, 0 garmonii Skrjabina, Moskau 1965 zitiert bei Eberle, S. 8

[12] Vera P. Dernova, Skrjabins Einfluß auf das musiktheoretische Denken unseres Jahrhunderts, in der Übersetzung von Doris Leitinger, in: Alexander Skrjabin, Studien zur Wertungsforschung, Bd. 13, herausgegeben von Otto Kolleritisch, Graz 1980, S. 142 ff.

[13] Carl Dahlhaus, Alexander Skrjabin. Aus der Vorgeschichte der atonalen Musik, in: Deutsche Universitätszeitung, 1957, XII/21, S. 18 ff.

[14] Manfred Kelkel, Alexandre Scriabine. Sa vie, l'ésotérisme et le language musical dans son œuvre , Paris 1978 Bd. 3 S. 14

mittleren Periode. Er wendet dabei Methoden von Ernst Kurth an, die er auch weiterentwickelt.
Auch Clemens-Christoph Johannes von Gleich zeigt, wie sich die Harmonik des „Prometheus" aus der funktionalen Tonalität entwickelt. Er unterteilt die Entwicklung Skrjabins nach Rudolph Steiner („Die Erziehung des Kindes vom Gesichtspunkt der Geisteswissenschaft") in Jahrsiebte.

Der Ansatz, Skrjabins Harmonik als Vorform zukünftiger Musik zu sehen, geht zurück auf den Mathematiker und Physiker Leonid Sabaneev. Er leitete die Harmonik des „Prometheus" von den Tönen 8 - 14 (ohne den 12.) der Obertonreihe her. Dieser Theorie stand Skrjabin zumindest nicht ablehnend gegenüber, wenn er auch betonte, die Klänge intuitiv gefunden zu haben.
An diese Theorie schloß sich dann später eine nicht unproblematische Sichtweise an, die Skrjabins Spätwerk als Vorform der seriellen Technik ansah. Diese erklärte die Harmonik nicht nur aus der Obertonreihe, sondern auch aus einer „Untertonreihe", wie zum Beispiel Helga Boegner.[16] Sie begründete so die Verankerung Skrjabins im noch nicht temperierten Naturtonsystem und seinen Konsens mit der „alten harmonikalen Symbolik".
Bezeichnender Weise diente diese These für Karl Laux 1958 auch als Begründung der Kritik am angeblich nicht verständlichen Spätwerk Skrjabins. „Dieser Akkord ist keine musikalische Erfindung. Er ist eine mathematische Konstruktion".[17]
Das Problematische an dieser „Oberton-Theorie" ist, daß die Partialtöne der Naturtonreihe nicht genau den gleichschwebend temperierten Tönen des Klaviers entsprechen. So ist zum Beispiel der 13. Oberton auf C bezogen dem As näher als dem A. Außerdem reicht, wie Carl Dahlhaus schreibt, „der Intervallabstand der Naturtonreihe. . ., wenn man bis 20 zählt, von der Oktave bis zum Viertelton und umfaßt musikalisch Brauchbares neben Unbrauchbarem. Die Naturtonreihe rechtfertigt alles, also nichts."[18]
Amerikanische Arbeiten sehen in Skrjabins Musik serielle Techniken. So bezeichnet George Perle Skrjabins Kompositionstechnik als „Nondodecaphonic Serial Composition".[19] John Everett Cheetham sieht bei Skrjabin eine „quasi-serielle Technik"

---

[15] Peter Dickenmann, Die Entwicklung der Harmonik bei A. Skrjabin, Bern-Leipzig 1945

[16] Helga Boegner, Die Harmonik der späten Klavierwerke Skrjabins, Diss. München, 1955

[17] Karl Laux, Die Musik in Rußland und in der Sowjetunion, Berlin-Ost, 1958, S. 226

[18] Carl Dahlhaus, Struktur und Expression bei Alexander Skrjabin, in: Musik des Ostens, 6, 1972, S. 229.

[19] George Perle, Serial Composition and Atonality, Berkeley 1963, S. 38

und geht von „sets“ als Grundmaterial für die Komposition aus.[20]

Zofia Lissa verbindet die beiden Perspektiven der Betrachtung miteinander, diejenige, die Skrjabins Harmonik in die romantische Tradition stellt und diejenige, die Vorformen späterer Entwicklungen in den Mittelpunkt der Betrachtung stellt. Sie weist als erste auf den Chopin-Akkord als historische Wurzel der Sexte im „Prometheus-Akkord“ hin. [21] Auch die Lage der Sexte, die bei Chopin und häufig auch bei Skrjabin fast immer den obersten Ton bilde, sei wichtig. Denn so entstehe eine Septime zur Septe des Akkordes und die für den späteren Skrjabin charakteristische Quartenschichtung.[22] Der Stil Chopins bilde so ein „Sprungbrett“ für Skrjabins Entwicklung einer eigenen Harmonik. Außerdem sieht sie in Skrjabins Spätwerk eine „Vorform der Zwölftontechnik“.
Sehr wichtig für mich ist die Arbeit von Gottfried Eberle[23]. Er zeigt die historische Genesis des „Prometheus-Akkordes“ auf und zeichnet seine Entwicklung nach bis zum Vorkommen symmetrischer Grundskalen, an die Olivier Messiaen anknüpft. Weiterhin weist er auf Gemeinsamkeiten und Unterschiede zur Zwölftontechnik hin. Untersucht wird auch das Verhältnis Harmonie, Melodie und die Polyphonie. In einem weiteren Teil wird der Zusammenhang von Harmonik und Form untersucht.
Unberücksichtigt bleibt die Untersuchung des übergreifenden Fortschreitungssystems und dessen historischer Wurzeln. Auch der Frage nach dem Zusammenhang der drei Grundsäulen der Harmonik und der Frage nach der treibenden Kraft der Entwicklung wird nicht nachgegangen.

In den neueren Arbeiten über Skrjabin wird nicht mehr versucht, die Frage, ob Skrjabins Spätwerk tonal oder atonal ist, generell zu beantworten. Eberles Arbeit heißt bezeichnenderweise „Zwischen Tonalität und Atonalität“. Auch Lothar Hoffmann-Erbrecht sieht im Spätstil Skrjabins eine „schwebende Tonalität“.[24]

---

[20] John Everett Cheetham, Quasi-serial techniques in the later piano works of Alexander Skrjabin, Washington 1969

[21] In einem Aufsatz in Acta musicologica, 1935, „Die geschichtliche Vorform der Zwölftontechnik“, S. 15 ff.

[22] Zofia Lissa, Über die Verbindungen der Harmonik von A.N. Skrjabin und der Harmonik von F. Chopin, in : Zofia Lissa (Hrsg.), The Book of the First International Musicological Congress Devoted to the Works of Frédéric Chopin , Warschau 1963, S. 335 ff.

[23] Gottfried Eberle, Zwischen Tonalität und Atonalität, Studien zur Harmonik Alexander Skrjabins Musikverlag Emil Katzbichler, München - Salzburg 1978

[24] Bericht über den Internationalen musikwissenschaftlichen Kongreß Bonn 1970, S. 438 ff.

Die Begriffe „Klangzentrum", „Prometheus-Akkord" und „Skrjabin-Akkord"

Zofia Lissa war die erste, die den Begriff „Klangzentrum" im Zusammenhang mit Skrjabin verwendet hat.[25] Er bedeutet bei ihr, daß sich alle Zusammenklänge im „Prometheus" auf den Anfangsklang beziehen.

Der Begriff „Klangzentrum" stammt von Hermann Erpf.[26] Erpf definiert den Begriff, den er in Bezug auf Schönberg verwendet und an dessen Orchesterstück „Farben", op. 16 Nr.3 exemplifiziert, als einen Klang, der durch Intervallzusammenhang, Lage im Tonraum und Farbe bestimmt ist. Dieser Klang kehrt nach kurzen, kontrastierenden Zwischenteilen immer wieder. Zu dem Zentralklang treten kleine melodische Zusätze. Nachdem der Eindruck des Zentrums sich verfestigt hat, sind Abwandlungen am „Klangzentrum"' möglich.

Bei Zofia Lissa - sie weist selbst darauf hin - hat der Begriff „Klangzentrum" eine etwas andere Bedeutung, denn bei Skrjabin gibt es keine kontrastierenden Zwischenteile. Auch die melodischen Zusätze gibt es bei Skrjabin nicht, die Melodik ist durch das, wie Skrjabin sagt, „Auseinanderfalten der Harmonie" bestimmt. Z. Lissa verwendete diesen Begriff, um die Nähe zu Schönberg zu unterstreichen.

Da diese Definition die Denkweise Skrjabins nur teilweise trifft, verwende ich in der vorliegenden Arbeit stattdessen den Begriff „Skrjabin-Akkord". Denn ein ganz bestimmter Akkord, oder anders gesagt, die Idee einer bestimmten Intervallstruktur steht im Mittelpunkt des Denkens Skrjabins. Sie ändert sich nicht von Werk zu Werk, sondern unterliegt, betrachtet man das Gesamtwerk, einer längeren Entwicklung. Diese Intervallstruktur wird behandelt wie traditionelle Akkorde, das heißt, es gibt Umkehrungen und einen deutlichen Grundtonbezug. Da außerdem dieser Akkord zu den personalstilistischen Eigentümlichkeiten Skrjabins gehört, nenne ich ihn „Skrjabin-Akkord". Das ist vielleicht vergleichbar mit dem Begriff „Chopin-Akkord", der allerdings nicht Chopins Erfindung ist, er kommt auch bei anderen Komponisten, wie Liszt oder Brahms vor. Es gibt, wie weiter unten belegt, sogar vergleichbare Stellen schon bei Bach.

Häufig wird für den oben aufgeführten Akkord auch der Begriff „Prometheus-Akkord" verwendet. Dieser Akkord, der Anfangsklang des „Prometheus", ist aber, wie an späterer Stelle zu erläutern sein wird, nur eine unter mehreren Formen einer Struktur*idee*. Meiner Meinung nach sind die anderen Formen also keine Abwandlungen des Anfangsklanges des „Prometheus", sondern andere Umsetzungen der gleichen Strukturidee. Deswegen spreche ich in dieser Arbeit vom „Skrjabin-Akkord" als einer Akkordstruktur und vom „Prometheus-Akkord" als einer bestimmten Form dieser Struktur, die als Anfangsklang des Orchesterwerkes „Prometheus" bekannt geworden ist.

---

[25] Zofia Lissa, Geschichtliche Vorform der Zwölftontechnik, Acta musicologica, 1935, S. 15 ff.

[26] Hermann Erpf, Studien zur Harmonie und Klangtechnik der Neuen Musik, Wiesbaden 1927 S. 122 f

1. Teil: Die Struktur der Zusammenklänge

1. Die Entwicklung bis zum „Prometheus“

Drei Entwicklungslinien:
A. Die Verdichtung der verschiedenen Dominantformen

Der Begriff „Verdichtung“ schien mir in Bezug auf die harmonische Entwicklung Skrjabins zutreffend, denn sowohl der „Skrjabin-Akkord“ in seinen verschiedenen Formen bis hin zu den Skizzen zur „Vorbereitenden Handlung“, als auch die symmetrischen Grundskalen sind, wie später erläutert wird, das Ergebnis einer solchen Überlagerung verschiedener Komponenten, die jedoch mindestens ein Element gemeinsam haben.

Der Begriff „Verdichtung“ wurde von Sigmund Freud mit einer besonderen Bedeutung belegt und bedeutet in der Traumdeutung[27], daß mehrere Traumgedanken zur Bildung einer Traumsituation zusammengeschoben werden. Hierzu bedarf es eines oder mehrerer Gemeinsamen. Die Traumarbeit bringt die verschiedenen Komponenten, wie übereinandergelegt, zur Deckung. Beispiele für das Ergebnis einer solchen Verdichtungsarbeit sind Sammel- und Mischpersonen, oder Mischgebilde.

Skrjabins Frühwerk orientiert sich an der romantischen Musik. Vorbilder wie Chopin haben diesen Stil beeinflußt. Natürlich kommen die verschiedenen gängigen Dominantformen vor:
D^{7}, $D_{7}^{9(b)}$, $D^{6(b)}$, $D^{7}_{5>}$.
Dieses ist eigentlich nichts Außergewöhnliches, ist aber Ausgangspunkt der weiteren Entwicklung.

Auch der Chopin-Akkord, den er übernommen hat, kommt vor. Den Chopin-Akkord, könnte man als eine Art Überlagerung oder Verdichtung von D 7 und D 6 sehen.

---

[27] Sigmund Freud, Über Träume und Traumdeutungen, Frankfurt am Main 1971, S. 22 ff.

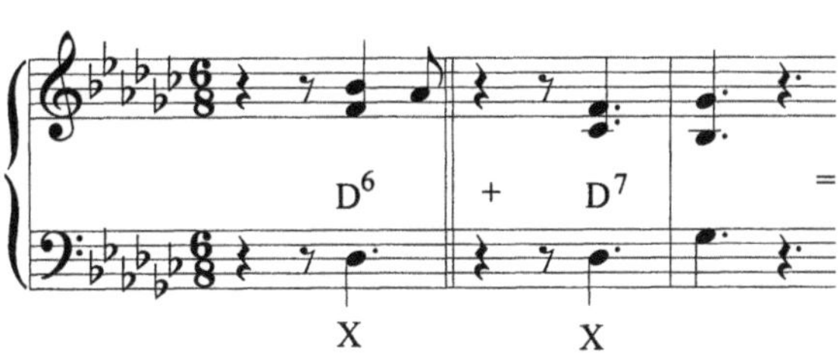

Aus: Skrjabin op. 4

Er ist somit eine Vorform, in der der Verdichtungsprozeß, der bei Skrjabin dann zum Skrjabin-Akkord führt, bereits angelegt ist, denn auch der Skrjabin-Akkord ist eine Überlagerung oder Verdichtung verschiedener Dominantformen. Außer dem Chopin-Akkord, gibt es in Skrjabins Frühwerk auch andere Formen der Verdichtung von Dominanten, die in dieser Hinsicht als Vorformen des Skrjabin-Akkords angesehen werden können.

Mazurka op. 3 Nr. 1, Takt 18-21

(D_7^{6-5}) Dp_3 $(D^{\substack{9\\7\\6-5}})$ Sp

Mazurka op. 3 Nr. 1 Takt 56-72

$D^{\substack{7\\6-5}}$

Mazurka op. 3 Nr. 1 Takt 105-106

Die Dominanten erscheinen, je nachdem ob die Zieltonika Dur oder Moll ist, mit kleiner oder mit großer Sexte. (siehe oben)

$(D^{9}_{7}$ $D^{9\flat}_{7})$ tP

Mazurka op. 3 Nr. 3 Takt 17-19

Es kommen in den Dominantformen sowohl große als auch kleine None vor. Die Dominantform, in der die Sexte und die hochalterierte Quart vorkommen, ist möglicherweise aus der Quintumspielung entstanden, die in dieser Form zur Gleichzeitigkeit erstarrt ist.

$D^{9}_{\substack{7\\6-4<-5}}$

t

Mazurka op. 3 Nr. 4 Takt 94-102

Der Takt 96 enthält bereits alle Töne des späteren Skrjabin-Akkords, nämlich hochalterierte Quart, Sext, Sept, und None, wenn auch hier die hochalterierte Quart und die Sexte noch als Quintumspielung, als Alternativen vorkommen. Der Verdichtungsprozeß ist hier noch nicht zur Simultanität fortgeschritten.

Schon in seinem Frühwerk notiert Skrjabin die Form der Dominante $D^{7}_{5>}$ manchmal als $D^{7}_{4<}$, welches sich bis zum Beginn des Spätwerkes verfolgen läßt. Die hochalterierte Quarte notiert er zum Beispiel in der Mazurka op. 3 Nr. 1 Takt 20 (siehe oben). Im „Feuillet d'Album" op. 58 in Takt 1 hingegen wird der Ton als tiefalterierte Quinte notiert:

9
7
6
Fis 5>

4<

9
7
6
As 5>

4<

Feuillet d 'Album op. 58 Takt 1-8

Es sind also mehrere Entwicklungen, die zur hochalterierten Quart im Skrjabin-Akkord führen:

1. Es gab die gängige, enharmonisch identische Form der tiefalterierten Quinte.

2. Das Einfrieren der Quintumspielung durch Sexte und hochalterierte Quart.

3. durch die Erweiterung der Terzenstruktur, darauf werde ich später noch eingehen, entsteht die hochalterierte Quart als Tredezime.

Der „Skjabin-Akkord" ist eine Verdichtung all der oben erwähnten Dominantformen:

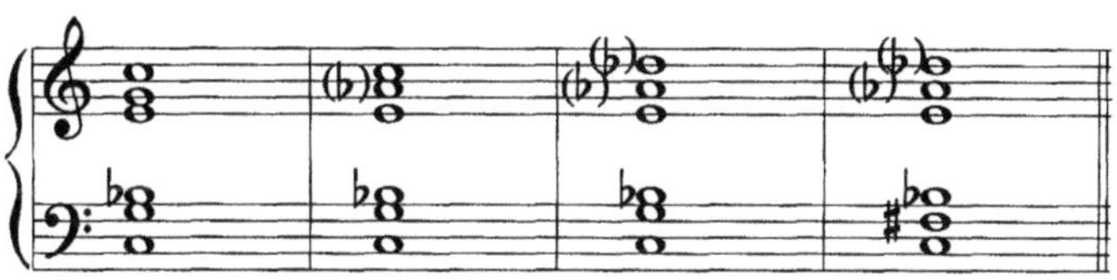

D7 +6 +9 4<

Der Skrjabin-Akkord hat also folgende Gestalt:

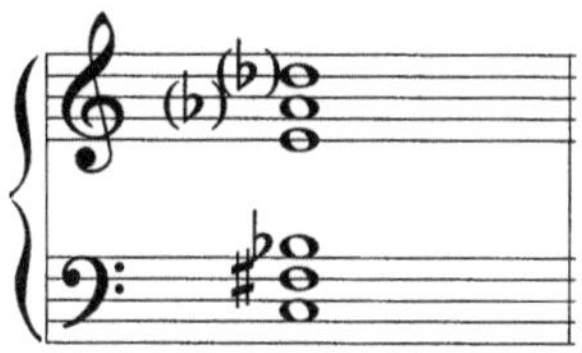

D 9(b) 7 6(b) 4<

Die in Klammern stehenden Vorzeichen bedeuten, daß die Töne große/kleine Sext bzw. große/kleine None alternativ und nicht gleichzeitig verwendet sind, ebenso wie in den Dominantformen, von denen die Töne stammen.

Ein Indiz dafür, daß der Skrjabin-Akkord aus verschiedenen Dominantformen entstanden ist, ist, daß er zunächst noch in einem funktionalen Zusammenhang als Dominante vorkommt.

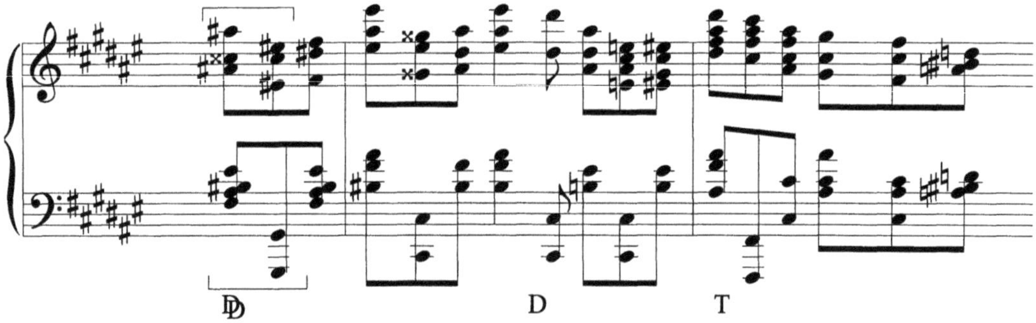

Prelude op. 37 Nr. 2 [28]

Dieser Akkord breitet sich dann allerdings zunehmend aus, und verliert mehr und mehr an Dominantcharakter. Für Dominanten charakteristische Intervallstrukturen werden auch auf andere Funktionen übertragen, wie
zum Beispiel II $n^{7}_{5>}$ (enharmonisch mit V $^{7}_{5>}$identisch).
Diese meist sechstönigen Akkorde müssen nicht immer vollständig vorkommen, sondern sie können auch durch Ausschnitte vertreten sein, analog den unvollständigen oder verkürzten Formen bisheriger Dominantformen.

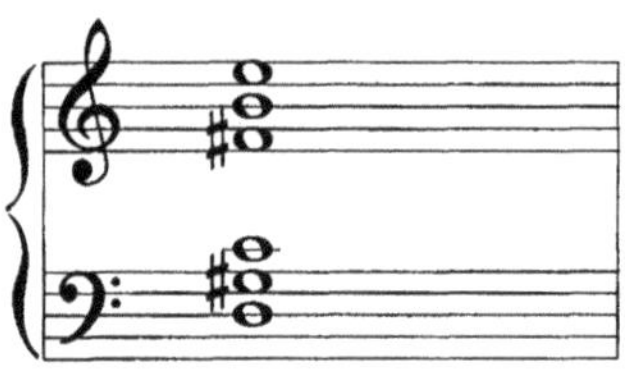

[28] zitiert nach G. Eberle a.a.O., S. 17

„Desir" op. 57 Nr. 1 Takt 1

oder in anderer Form:

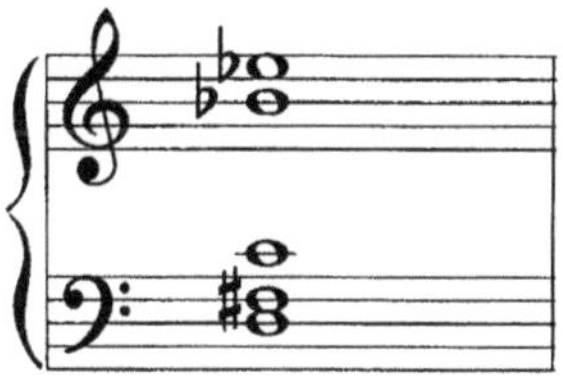

Dies ist eine Dominantform mit kleiner Sexte und kleiner None. Das Prelude op. 27 Nr. 1 beginnt mit einem Ausschnitt dieses Akkordes:

Prelude op. 27 Nr. 1 Takt 1-2

Der Akkord, hier als verkürzte Dominante mit kleiner Sexte und kleiner None notiert, ist klanglich der Tristan-Akkord. (Man weiß von Skrjabin, daß er das „Liebestrank-Motiv", aus „Tristan und Isolde", neben dem „Feuerzauber" und dem „Schwert-Motiv" von den

Wagnerschen Motiven am meisten geschätzt hat [29]) Auf diese Entwicklungslinie vom Tristan-Akkord über eine Dominantform zum Skrjabin-Akkord gehe ich auf den Seiten 106 ff. ein.
Die ersten vollständigen Prometheus-Akkorde sind schon in der 4. Klaviersonate op. 30 zu finden:

Klaviersonate op. 30, II. Satz, Takt 7-8

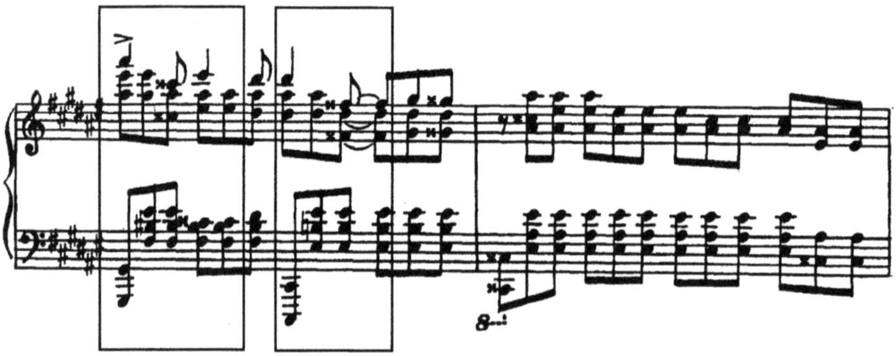

4. Klaviersonate op. 30, II. Satz, Takt 150

Da der Skrjabin-Akkord aus der Verdichtung verschiedener Dominantformen entstanden ist, nämlich von D^7, D^9_7 bzw. $D^{9>}_7$, D^6 bzw. $D^{6>}$ und $D^7_{5>}$ bzw. $D^7_{4<}$, gibt es folglich auch verschiedene Möglichkeiten, diese verschiedenen Dominantformen zu überlagern, zusammenzuschieben, zu einem sechstönigen Akkord zu verdichten.

Der Anfangsklang des „Prometheus" stellt *eine* Möglichkeit der Verdichtung dar, es gibt aber noch andere. Zum Beispiel am Anfang von „Poème fantasque" op. 45 Nr. 2:

---

[29] Sigfried Schibli, Alexander Skrjabin und seine Musik, Grenzüberschreitungen eines prometheischen Geistes, Piper-Verlag, München 1983, S. 178

G 9 7 5< 5>

Poème fantasque op. 45 Nr. 2 Takt 1

Es stellt sich an dieser Stelle die Frage, ob die Sexte im PrometheusAkkord nicht auch den Endpunkt *mehrerer* Entwicklungen darstellt. Neben der Herkunft vom Chopin-Akkord könnte sie auch das Ergebnis einer extremen Quintalteration sein. In diesem Beispiel, op. 45 Nr. 2, ist das „dis" eine hochalterierte Quinte. Skrjabin selbst spricht von einer Quintalteration:

„Ich urteilte, daß, je mehr höhere Töne in der Harmonie wären, umso strahlender würde sie, umso schärfer und blendender. Aber es war nötig, diese Töne so zu ordnen, daß es eine logische Ordnung ergibt. So nahm ich den gewöhnlichen Terzdezimakkord, der in Terzen angeordnet ist. Aber es geht weniger darum, hohe Töne anzusammeln. Damit es glänzend würde, die Idee des Lichts ausdrückte, mußte in dem Akkord eine größere Anzahl von Tönen erhöht sein. Und so erhöhe ich: ich nehme erst die große helle Dur-Terz, dann erhöhe ich auch die Quinte (?!) und die Undezime - so erhalte ich meinen Akkord - der durchwegs erhöht ist und deshalb wirklich strahlend."[30]

Demnach wäre die hochalterierte Quint zuerst als zusätzlicher Strebeton, als Wechselnote oder als chromatischer Durchgang aufgetreten, wie in der Mazurka op. 3 Nr. 4:

Mazurka op. 3 Nr. 4 Takt 57-61

[30] Musik-Konzepte Nr. 32/33, a.a.O., S. 8

Andere Beispiele sind op. 3 Nr. 4 Takt 29...

Mazurka op. 3 Nr. 4 Takt 27 - 30

. . . oder Takt 112, . . .

Mazurka op. 3 Nr. 4 Takt 108 - 118

. . . oder in der 4. Klaviersonate op. 30 11. Satz Takt 21, hier als angesprungener Strebeton im Baß:

4. Klaviersonate op. 30 II. Satz Takt 19 – 21

Später dann wird die hochalterierte Quinte als Strebeton in den Akkord integriert, das heißt, sie wird noch als Strebeton behandelt und ihrer Streberichtung entsprechend aufgelöst, aber erst in dem darauffolgenden Akkord. Die hochalterierte Quinte ist Bestandteil der Dominante geworden, wie das folgende Beispiel aus op. 48 Nr. 4 zeigt:

$C^{\substack{9\\7\\5<}}$ $F^{\substack{7\\4<}}$ $G^{\substack{9\\7\\6(b)\\5>}}$

Prelude op. 48 Nr. 4 Takt 1

Diese Entwicklung wäre dann in Form der Sexte in den „Prometheus-Akkord" eingegangen.

Die verschiedenen Formen der Dominante bestimmen zunehmend den Tonsatz Skrjabins, was folgende Beispiele belegen:

Scherzo op. 46 Nr. 1 Takt 1-4

In Takt 2 auf der Zählzeit 1 ist ein vollständiger Prometheus-Akkord.

Die mit vielen charakteristischen Dissonanzen angereicherten Klänge, behalten zunächst noch ihren Dominantcharakter, weshalb Quintfälle in dieser Zeit vor dem „Prometheus“[1] relativ häufig sind. Nachdem die Dominanten zunehmend den Satz bestimmen, breitet sich jetzt der „Skrjabin-Akkord“ in verschiedenen Formen weiter aus und wird zur den Satz bestimmenden Strukturidee.

C 9 7 6(b) 5>

A 9 7 4< - 5 - 5<

Quasi Valse op. 47 Takt 1-5

Zwar entsteht in diesen Takten noch eine Fortschreitungswirkung, die ersten vier Takte werden aber von dem „Prometheus-Akkord“ auf „C“ bestimmt.

In Takt 5 findet sich eine andere Form des Skrjabin-Akkords, nämlich mit kleiner Sexte (bzw. hochalterierte Quinte).

Danse Languide op. 51 Nr. 4 Takt 1-2

Der „Skrjabin-Akkord" breitet sich also weiter aus. Diese Takte werden von zwei fünftönigen Akkorden bestimmt, die beide vom Skrjabin Akkord abgeleitet sind. Das Beispiel beginnt mit einem Skrjabin-Akkord in folgender Form:

$$\mathrm{Es}^{\substack{9\\7\\5<}}$$

also ohne hochalterierte Quart und der Sexte als Quintalteration. In Takt 2 dann in der Form:

$$\mathrm{As}^{\substack{7\\4<}}$$

also ohne Sexte und None. Diese Klänge entstammen den komplementären Ganztonfeldern. Quintverwandtschaft steht immer noch im Vordergrund.

Durch die Orthographie, hochalterierte Quart, Sext, Sept und None, ist im Spätwerk der Grundton, auf den der Akkord bezogen ist, eindeutig feststellbar.

$$\mathrm{Des}^{\substack{9>\\7\\6\\4<}}$$

Poème-Nocturne op. 61 Takt 1-2

Etrangete op. 63 Nr. 2 Takt 1

Poème op. 69 Nr. 1 Takt 1-2

Festzuhalten ist also: Es kommen im Spätwerk verschiedene Formen des „Skrjabin-Akkordes“ vor. Sie haben aber alle die gleiche Grundstruktur, die aus der Verdichtung der verschiedenen Dominantformen entstanden ist.

Die Tendenz Skrjabins zur Verdichtung, zur Überlagerung verschiedener Akkorde zeigt sich nicht nur in den Dominantharmonien. So gibt es Stellen, bei denen zwei aufeinander folgende Akkorde überlagert werden, zum Beispiel an Schlüssen:

Schluß der Etüde op. 56 Nr. 4

In den letzten beiden Takten dieses Beispiels wird der vorletzte Akkord mit dem letzten überlagert, verschmolzen. Ebenso im folgenden Beispiel:

Schluß von Desir op. 57 Nr. 1

Dies gibt es aber auch mitten im Stück:

Valse op. 38 Takt 73 – 87

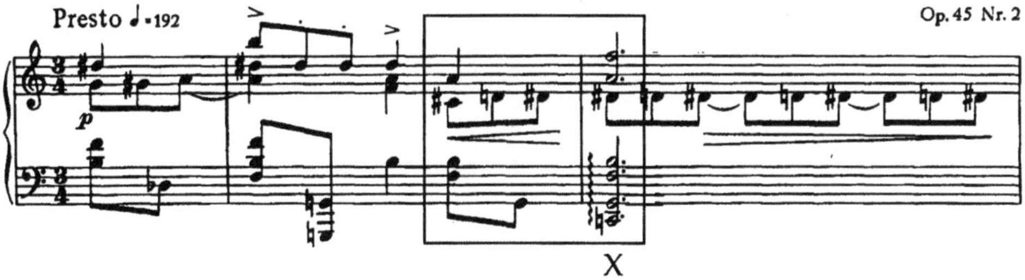

Poème fantasque op. 45 Nr. 2 Takt 1-3

B. Das Erstarren der Dissonanzen zum Farbreiz im Akkord

Der Chopin-Akkord war als Verdichtung von D 6 und D 7 eine Vorform des Skrjabin-Akkords. Auch eine weitere Tendenz zeichnet sich im Chopin-Akkord bereits ab, die sich bei Skrjabin fortsetzt, nämlich das Übergehen der Auflösung der Dissonanzen.

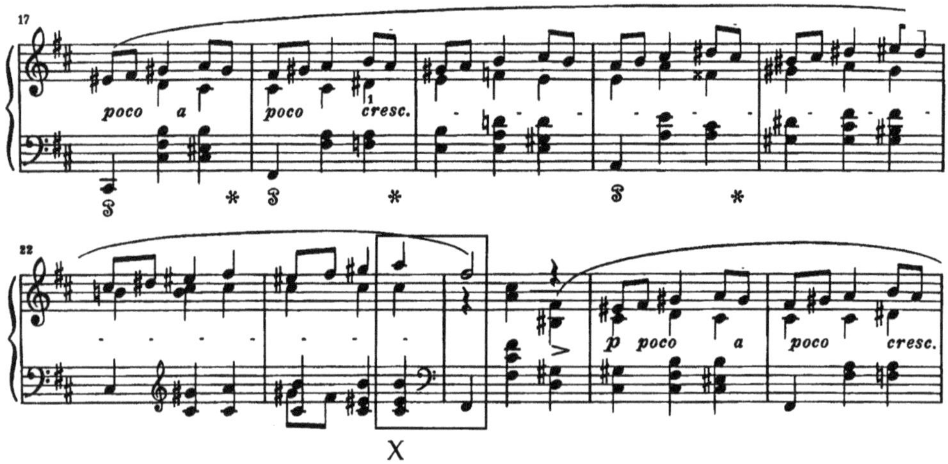

Chopin, Mazurka op. 30 Nr. 2 Takt 17-26

Die Zwischendominantformen in den Takten 17-22 haben neben der Septime auch eine Sexte. Diese ist zunächst ein freier Vorhalt zur Quinte und löst sich auch jedes Mal in diese auf, bevor die Dominante in die Tonika aufgelöst wird. In Takt 23 jedoch wird dieser freie Vorhalt nicht mehr aufgelöst, die Auflösung der Sexte zur Quinte wird übergangen.

In diesem Zusammenhang sind einige Stellen aus Bachchorälen sehr interessant:

Choral: „Sollt' ich meinen Gott nicht singen" (Breitkopf, Nr. 220) Takt 11 - 16

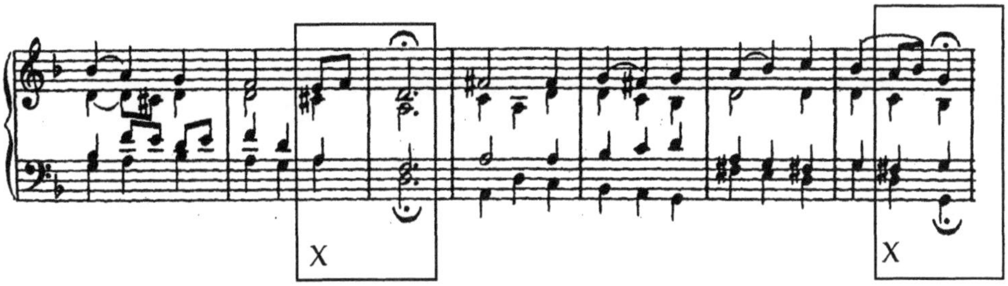

Choral:" Gott lebet noch" (Breitkopf, Nr. 234) Takt 20 - 26

In diesen Beispielen wird, genauso wie beim Chopin-Akkord, aus der Sexte der Dominante in den Grundton der Tonika abgesprungen, und die Auflösung zur Quinte wird übergangen. Im letzten Beispiel, in Takt 26, entsteht durch die Dominantsepte sogar derselbe Akkord wie bei Chopin.
Es handelt sich hier aber nicht um das Einfrieren von Dissonanzen zu einem Farbreiz, sondern um ein Problem der Ornamentik. Diese Schlußform ist eigentlich eine Tenorklausel, die durch einen „Überwurf" ornamentiert wurde.

Skrjabin übernimmt zunächst diesen Chopin-Akkord. Er taucht zunächst allerdings nicht sehr häufig in dieser Form auf. In seinen frühen Werken löst Skrjabin diesen freien Vorhalt zur Quinte im Akkord meist noch auf, bevor die Dominante in die Tonika aufgelöst wird.

Skrjabin Mazurka op. 3 Nr. 1 Takt 105 - 106

Später jedoch geschieht die Auflösung über den Umweg der hochalterierten Quart, die Quinte wird also von beiden Seiten eingekreist, bevor sie aufgelöst wird. Die Umspielung der Quinte im Dominantnonakkord wird im Riemann-Lexikon übrigens als Wurzel des „Prometheus-Akkordes" angesehen.[31]

[31] 12. Auflage Sachteil Mainz 1967 S. 620

Prelude op. 27 Nr. 1 Takt 3 – 4

In den Tonsatz Skrjabins dringen mehr und mehr Dissonanzen ein:

Prelude op. 11 Nr. 22 Takt 1-9

In diesem Beispiel sind schon viele Dreiklänge mit Dissonanzen angereichert.
Diese Entwicklung läßt sich in dem folgenden Beispiel, dem Prelude op. 27 Nr. 2, weiterverfolgen:

Prélude op. 27 nr.2

In diesem Prelude ist diese Entwicklung sogar soweit vorgedrungen, daß kaum noch Dreiklänge ohne zusätzliche Dissonanzen vorkommen. Die Dissonanzen jedoch werden alle noch „richtig" aufgelöst. Eine Ausnahme bildet in Takt 1 das „ais", welches keine charakteristische Dissonanz mehr ist, sondern mehr ein Farbreiz im Akkord. Hier deutet sich die weitere Entwicklung an, denn die Tendenz zusätzliche, harmoniefremde Töne in den Akkord zu integrieren, verstärkt sich, und das Gewicht verlagert sich von der „richtig" aufgelösten Stimmführungsdissonanz zur Akkorddissonanz, zur Einfärbung des Akkords.

Prelude op. 37 Nr. 2

Klaviersonate Nr. 4 op. 30 11. Satz Takt 7 - 8

Die Auflösung des Prometheus-Akkords geschieht in dem letzten Beispiel aus der 4.Klaviersonate, gegenüber dem vorigen Beispiel aus op. 37, auf Umwegen: Die Sexte löst sich nicht zur Quint auf, jedenfalls nicht in der gleichen Stimme, sondern springt in die None, die sich dann abwärts in den Dominantgrundton auflöst („eis"-„ais"-„a"-„a"-„gis"). Die übermäßige Quart „cisis" in der Oberstimme löst sich über den „Umweg" der Sexte zur Quinte auf. (Auch hier wieder die Quintumspielung.)

Poème fantasque op. 45 Nr. 2 Takt 12-13

Scherzo op. 46 Nr. 1 Takt 10-12

In diesen beiden vergleichbaren Stellen aus zwei aufeinander folgenden Werken, op. 45 und 46, wird die Sexte in die hochalterierte Quint „aufgelöst". Im zweiten Beispiel ist diese Auflösung verzögert und geschieht mit dem Umweg über die None. Später werden dann immer weniger dissonante Töne aufgelöst:

16

Scherzo op.46 Nr. 1 Takt 1 - 9

Gis $^{7}_{5>}$ Cis $^{9}_{\substack{7\\6-4<-5}}$

Poème op. 32 Nr. 1 Takt 1-2

Das „his" in der Oberstimme am Anfang des Poèmes op. 32 Nr. 1 in der Oberstimme wird nicht aufgelöst. Das „dis" wird eigentlich auch nicht aufgelöst, denn das „cis" im darauffolgenden Takt ist bereits Bestandteil einer anderen Harmonie.

Zu Beginn handelt es sich um eine Folge von Zwischendominanten mit charakteristischen Dissonanzen, die alle noch aufgelöst werden, bis in Takt 1 auf dem 4. Achtel der „Prometheus-Akkord“ entsteht, wieder mit Quintumspielung. Die Septe und die None werden nicht mehr aufgelöst, beziehungsweise, was die None betrifft, wird die Auflösung weit hinausgezögert.

Prelude op. 48 Nr. 1 Takt 1-6

Dieses Beispiel aus op. 48 zeigt eine Verbindung von Klängen mit für Dominanten charakteristischen Dissonanzen, die jedoch gar nicht mehr aufgelöst werden.

So gesehen, ist das Übergehen der Auflösung beim Chopin-Akkord eine Vorform der Entwicklung, die bei Skrjabin zum Einfrieren, zum Erstarren der Dissonanzen zum Farbreiz im Akkord führt.

Das heißt für den Skrjabin-Akkord: Die zusätzlichen Töne, Sexte, Septe, None, und die Alterationen, hochalterierte Quart, bzw. tiefalterierte Quint, verlieren an Dissonanzcharakter und werden zu einer Art Einfärbung des Akkordes. Sie werden zu Akkordbestandteilen.

Prelude op. 49 Nr. 2 Takt 1 - 8

Poème aile op. 51 Nr. 3 Takt 1-5

Die Tendenz Bewegungen einzufrieren und so dissonante Töne in den Akkord zu integrieren ist sehr alt. Nicht zuletzt ist der Dominantseptakkord durch das Erstarren eines Durchganges entstanden:
Eine Form der Altclausel war zunächst der Terzfall in die Terz des Zielakkordes. Nach den Regeln des Kontrapunktes war es nun möglich, zwischen zwei auf schweren Zählzeiten stehenden Konsonanzen einen dissonanten Durchgang anzubringen, und die Konsonanzen auf diese Weise zu verbinden. Diese Bewegung wird im Laufe der

Musikgeschichte eingefroren, so daß sie im Dominantseptakkord zur Gleichzeitigkeit erstarrt.

Ab dem „Prometheus", oder den gleichzeitig entstandenen Stücken op. 58 und 59, verlieren die zusätzlichen Töne den Charakter einer auflösungsbedürftigen und charakteristischen Dissonanz. Die Akkorde verlieren somit auch ihre Dominantfunktion. Deswegen können sie zur Grundharmonie werden, zu einer Konsonanz.

Skrjabin über den „Prometheus-Akkord":

„Das ist keine Dominantharmonie, sondern eine Grundharmonie, eine Konsonanz. Das ist wahr - er klingt weich, ganz wie eine Konsonanz"[32]

[32] Leonid Sabaneev, Vospominanija o Skrjabine (Erinnerungen an Skrjabin), Moskau 1925, S. 47. zitiert bei: Musik -Konzepte 32/33, a.a.O., S. 8

C. Die Bildung von Quartstrukturen und die Erweiterung des Terzenaufbaus

Auch eine dritte Tendenz zeichnet sich im Chopin-Akkord bereits ab, nämlich das Eindringen der Quartstruktur.

Chopin, Mazurka op. 30 Nr. 1 Takt 5 - 8

Skrjabin, 2. Klaviersonate op. 19, 1. Satz Takt 19-22

Die Quartstruktur ist bei Skrjabin, zunächst nur latent, in Form des Chopin-Akkords - hier wieder mit Quintumspielung - vorhanden. Die Quartstruktur weitet sich dann allerdings aus.

4. Klaviersonate op. 30, 1. Satz Takt 49-52

Der Chopin-Akkord wird durch Hinzufügen der None nach oben hin durch eine weitere Quarte erweitert.

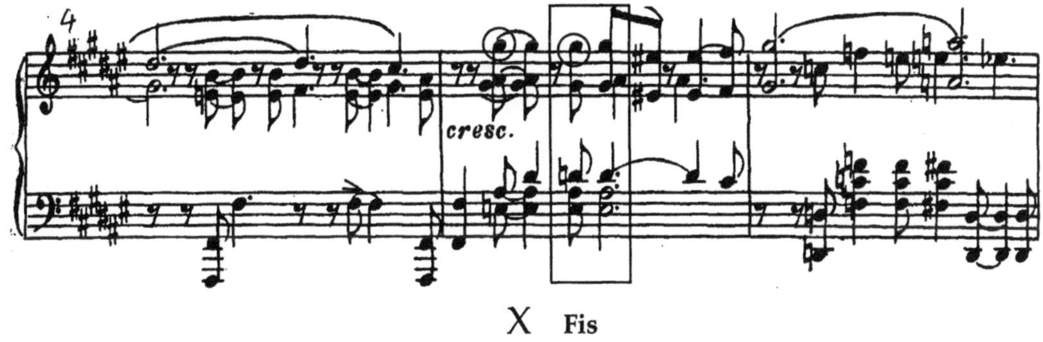

4. Klaviersonate op. 30, 11. Satz Takt 4-6

Dadurch können jetzt auch bis zu vierstimmige „Quartstapel" auftreten, im folgenden Beispiel in Takt 17 in der linken Hand:

4. Klaviersonate op. 30 11. Satz. Takt 16 - 17

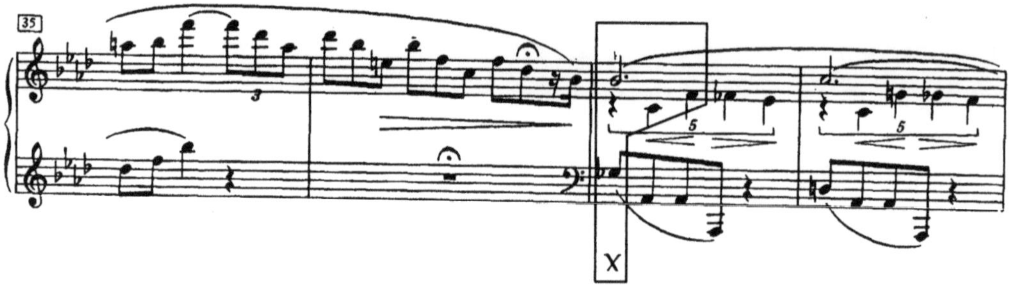

Valse op. 38 Takt 35 - 38

Mazurka op. 40 Nr. 1 Takt 21 - 25

Die Quart- und Tritonusstruktur weitet sich weiter aus zu mehr als viertönigen Klängen:

Op. 51 Nr. 1 Takt 1-2

Dieser Klang in op. 51 besteht aus sechs in Quarten bzw. Tritoni übereinandergeschichteten Tönen. Dieses Eindringen der Quartstruktur und deren Erweiterung findet zunächst neben der Erweiterung der Terzstruktur statt.

C Ges

op. 52 Nr. 1 Takt 1-2

Diese beiden Entwicklungen, Erweiterung der Terzenstruktur bis zum Undezim- und Tredezimakkord und das Eindringen der Quartstruktur, münden dann in den Prometheus-Akkord, der als Umschichtung der Terzenstruktur, ganz aus Quarten besteht.

Das heißt, die Quartstruktur entsteht zunächst nicht durch Umschichtung der Terzstruktur, sondern durch das Etablieren von Zusatz- oder Nebentönen zu Akkordtönen. Erst als die Erweiterung der Terzenstruktur bis zur Tredezime fortgeschritten ist, kann es zu der Umschichtung zur Quartenstruktur kommen. Skrjabin über den „Prometheus-Akkord“:

„... So nahm ich den gewöhnlichen Terzdezimakkord, der in Terzen angeordnet ist... Und so erhöhe ich: ich nehme erst die große helle Dur-Terz, dann erhöhe Ich auch die Quinte (?!) und die Undezime - so erhalte ich meinen Akkord . . .“ [33]

„Früher wurden die Harmonien doch nach Terzen, oder, was dasselbe ist, nach Sexten, disponiert. Ich aber beschloß, sie nach Quarten, oder, was dasselbe ist, nach Quinten zu konstruieren.“[34]

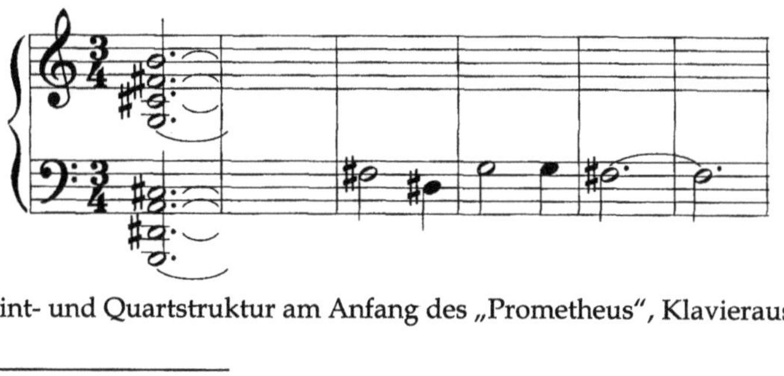

Quint- und Quartstruktur am Anfang des „Prometheus“, Klavierauszug

---

[33] Musik-Konzepte Nr. 32/33 S. 8

[34] Erinnerungen an Skrjabin, S. 220, zitiert in: Musik-Konzepte 32/33, a.a.O., S. 8

Die Terzenstruktur wird aber keineswegs aufgegeben, sondern wird neben der Quartstruktur weiter verwendet. Es gibt auch im Spätwerk Klänge mit Terzenstruktur, oft mischen sich Terz- und Quartstruktur:

A 9 7 6 4< ("Prometheus-Akkord") A 9b 7 6 4<

Danse op. 73 Nr. 1 Takt 1-2

Der Terzenaufbau wird, wie die Quartenstruktur auch, noch weiter ausgedehnt. Das führt zur Vieldeutigkeit der Akkorde. Zum Beispiel in der 5. Klaviersonate: Ein Terzenaufbau auf der Dominante bis hinauf zur Doppeloktave umfaßt die Dreiklänge der Hauptfunktionen Tonika, Subdominante und Dominante.

Das Zusammenlaufen dieser Entwicklungen im „Prometheus“[1]

Zwei zunächst voneinander unabhängige Entwicklungen, die Erweiterung des Terzenaufbaus und die Bildung von Quartenstrukturen laufen im Skrjabin-Akkord zusammen. Die Erweiterung des Terzenaufbaus ist soweit entwickelt, daß eine Umschichtung des Tredezimakkords in Quarten zum Skrjabin-Akkord führt.

Die Umschichtung der Terzstruktur zur Quartstruktur erklärt auch, warum Skrjabin im Spätwerk keine tiefalterierte Quinte mehr notiert, sondern hauptsächlich die hochalterierte Quarte.

Auch das Erstarren der Dissonanzen zum Farbreiz im Akkord ist in dem „Prometheus-Akkord“ zu einem gewissen Abschluß gekommen. Die zusätzlichen Töne, wie Septe, None und Sexte werden als konsonant empfunden, sie verlieren somit ihre

funktionsschärfende Wirkung, wodurch die Harmonie nicht mehr auf eine Dominantfunktion festgelegt ist.
Skrjabin über den „Prometheus-Akkord":

„Das ist keine Dominantharmonie, sondern eine Grundharmonie, eine Konsonanz. Das ist wahr - er klingt weich, ganz wie eine Konsonanz ."[35]

Auch die Überlagerung verschiedener Dominanten ist zu einem Abschluß gekommen, im Skrjabin-Akkord sind alle Formen enthalten.

Der „Skrjabin-Akkord" breitet sich weiter aus, und wird zum bestimmenden, zentralen Moment in Skrjabins Tondenken. Auch die Melodie wird von ihm bestimmt.

Verhältnis Harmonie zur Melodie

„Melodie und Harmonie - das sind zwei Seiten eines Prinzips, einer Wesenheit, sie haben sich zunächst in der klassischen Musik getrennt... Und jetzt beginnt bei mir die Synthese. Harmonie wird Melodie und Melodie Harmonie. Bei mir gibt es keinen Unterschied zwischen Melodie und Harmonie, das ist ein und dasselbe. Im Prometheus ist dieses Prinzip streng durchgeführt."[36]

„Harmonie wird Melodie" bedeutet, daß die Akkorde zu Melodien „auseinandergefaltet" werden, wie Skrjabin sagt.

Op. 59 Nr. 1 Takt 1-4

[35] Leonid Sabaneev, Vospominanija o Skrjabine a.a.0., S. 47, zitiert in: Musik-Konzepte 32/33 a.a.0. S. 8

[36] Leonid Sabaneev, Vospominanija o Skrjabine a.a.O., S. 47, zitiert In: Musik-Konzepte 32/33, a.a.O., S. 8

In diesem Beispiel ergibt sich die Melodie in den Takten 1, 2, 3 und 4 durch das „Auseinanderfalten" des „Skrjabin-Akkordes" auf H, F, H und G.
„Melodie wird Harmonie" heißt, daß Melodien in die Harmonik eingepaßt werden. Zwei Skizzenblätter,[37] auf denen eine große Anzahl melodischer Einfälle notiert ist, ermöglichen sehr aufschlußreiche Einblicke in Skrjabins Umgang mit Melodien. Die dort notierten melodischen Einfälle wurden dann in den verschiedensten Werken zwischen op. 51 Nr. 1 und der 10. Klaviersonate op. 70 verwendet. Wie Gottfried Eberle nachweisen konnte, wurden diese melodischen Einfälle in einen harmonischen Zusammenhang eingepaßt. So ist zum Beispiel als Bruchstück Nr. 5 auf Blatt 2 das melodische Anfangssignal der 7. Klaviersonate als gebrochener A-Dur Dreiklang notiert (was eigentlich auch mehr einem klanglich-harmonischen Denken entspringt, als einem melodischen). Sabaneev überliefert dann ein weiteres Stadium dieser Stelle:[38]

Frühes Stadium des Anfangs der 7. Klaviersonate

In dieser Fassung ist das A-Dur Signal in einen Dominantseptakkord auf Fis eingelassen. In der Endfassung erscheint das Ganze eingepaßt in einen „Skrjabin-Akkord", auf den Grundton C bezogen.

[37] Aufbewahrt im Glinka-Museum Moskau 0 31/129, zitiert bei Eberle a.a.O., S. 74

[38] Leonid Sabaneev, Vospominanija o Skrjabine a.a.0. S. 98

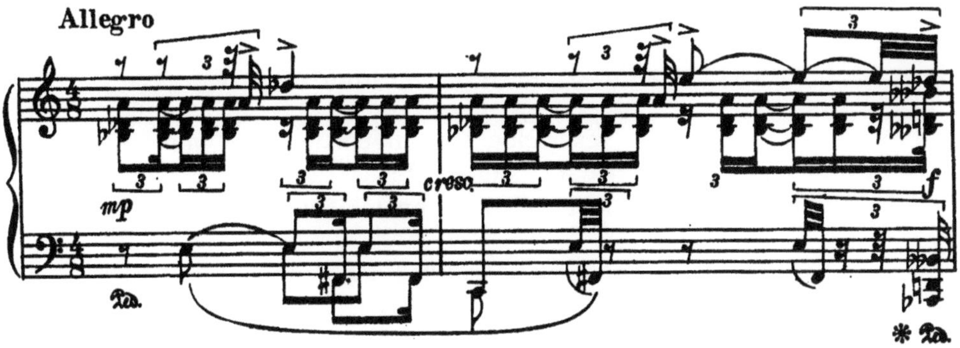

7. Klaviersonate op. 64 Takt 1-2

Das heißt, Skrjabin bewahrt melodische Einfälle oft über Jahre auf, bevor er sie verwendet und sie dann in einen harmonischen Zusammenhang einpaßt.

In der Melodik Skrjabins lassen sich grundsätzlich zwei verschiedene Qualitäten von Tönen unterscheiden:

1. Die Stammtöne der Akkorde und

2. harmoniefremde Töne, die als Strebetöne, Wechsel- und Durchgangsnoten auf die Stammtöne bezogen sind. So können enharmonisch gleiche Töne eine unterschiedliche Qualität haben, was sich in der Orthographie ausdrückt, wie zum Beispiel in op. 57 Nr. 2, „Caresse dansee“:

Caresse Dansee op. 57 Nr. 2 Takt 1-5

In Takt 1 ist zuerst ein „ais“ notiert, dann ein „b“. Das ais“ ist ein Strebeton, eine halbtönige Wechselnote zum „h“. Das „b“ hingegen ist harmonisch als Septime auf das „C“ bezogen und ist somit ein Stammton der Harmonie.[39]

---

[39] Die genaue harmonische Analyse dieses Stückes steht auf den S. 63 ff.

2. Die Entwicklung ab dem „Prometheus"

„...Das ist keine Dominantharmonie, sondern eine Grundharmonie..."[40]

Seit dem „Prometheus", bzw. den gleichzeitig entstandenen op. 58 und 59, hat der Skrjabin-Akkord den Dominantcharakter verloren. Er ist zu einer Grundharmonie geworden und bestimmt in Transpositionen alle Zusammenklänge des Satzes.[41]

Der Hauptstrebeton einer Tonart ist als Terz Bestandteil der Dominante und verleiht ihr durch die Strebewirkung zur Tonika eine wesentliche Eigenschaft. Die wesentlichen Töne der Dominante, also Grundton und Terz, wurden im Skrjabin-Akkord, bisher ja eine Dominantharmonie, demnach auch nicht alteriert oder verändert, sie waren also unveränderliche Bestandteile. Nachdem ab op. 58 der Skrjabin-Akkord seine Dominantfunktion jedoch verliert, ist das Vorkommen der großen Terz im Akkord nicht mehr zwingend. Sie kann jetzt, gewissermaßen als Äquivalent zum Moll, auch als kleine Terz vorkommen. Zum Beispiel in dem Prelude op. 59 Nr. 2:

C

Prelude op. 59 Nr. 2 Takt 1-3

Das Beispiel bezieht sich auf den Basiston „C": c, fis, b, es, a, d und, als Ergebnis einer weiteren Quartaufschichtung, worauf ich im nächsten Kapitel eingehe, ein g. Es ist also ein Skrjabin-Akkord mit kleiner Terz, kleiner None und mit der Quinte. Am Schluß des Preludes wird die kleine Terz zur großen aufgehellt.

---

[40] Skrjabin über den „Prometheus-Akkord", Leonid Sabaneev, Vospomina... a.a.O. 47, zitiert in Musik-Konzepte 32/33, a.a.O., S. 8

[41] Die harmonische Analyse des „Prometheus" steht auf den S. 73 ff.

Ein weiteres Beispiel für das Vorkommen der kleinen Terz ist das Prelude op. 67 Nr. 2:

Prelude op. 67 Nr. 2 Takt 1-3

Die Erweiterung der Quarten- und der Terzenstruktur

Das Ausbreiten der Quartenstruktur ist mit dem Prometheus-Akkord noch nicht abgeschlossen.
Im „Prometheus" gibt es einige Takte, in denen der Skrjabin-Akkord nach unten hin erweitert wird, indem er unterquintiert wird. Dieses geschieht allerdings nur im Zusammenhang mit Orgelpunkten.
Takt 51 ff. ist eine solche Stelle. Der Orgelpunkt auf „fis" liegt bereits 6 Takte vorher:

Prometheus op. 60 Takt 50 ff.

Die deutlichsten Indizien dafür, daß „cis“ der Grundton des „Skrjabin-Akkordes“ ist, signalisiert das „fisis“, welches als übermäßige Quarte sehr auffällig notiert ist. Außerdem spielt die „Luce“-Stimme den Grundton „Cis“.
So ist also die Orthographie zu erklären: Grundton „ cis“, große Terz „eis“, übermäßige Quart „fisis“, große Sexte „ais , kleine Septime „h“ und None „dis“. „Fis“ erklingt nur in den Bässen und ist deshalb als Orgelpunkt aufzufassen.

Eine vergleichbare Stelle findet sich ab Takt 157.

X

Prometheus op. 60 Takt 154 - 158

Der Ton in der „Luce“-Stimme zeigt, daß es sich um den Grundton „H“ handelt. Auch die Orthographie deutet darauf hin: große Terz „dis“, übermäßige Quart „eis“, große Sexte „gis“, kleine Septime „a“ und große None „cis“. Das „e“ erklingt wiederum nur im Baß und wird bis Takt 178 zum Orgelpunkt.

In späteren Werken wird dann der Skrjabin-Akkord durch Töne erweitert, die nicht nur als Orgelpunkt angegliedert, sondern als Akkordbestandteile in den Akkord integriert sind. Es handelt sich hierbei um die Erweiterung der Terzen- bzw. Quartenschichtung.
In dem Poème op. 71 Nr. 2 wird der Skrjabin-Akkord durch eine erneute Quartaufschichtung, der Quinte im Akkord, erweitert.

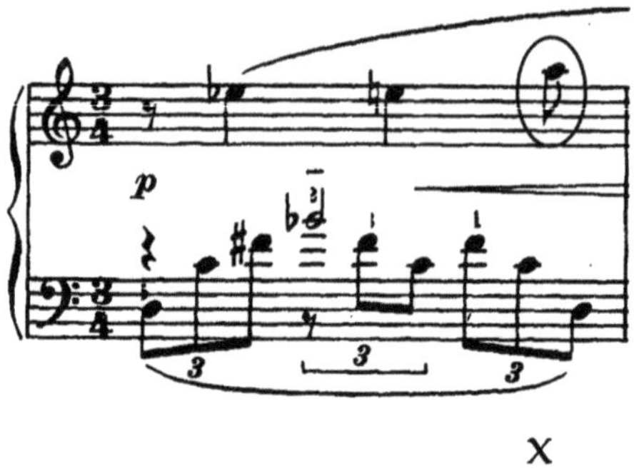

Poème op. 71 Nr. 2 Takt 1

Dieser Zusammenklang wird auch weiterhin wie ein Akkord behandelt, das heißt, er kann auch in Umkehrungen vorkommen. Ein Beispiel dafür ist das oben aufgeführte Prelude op. 59 Nr. 2.

Die Erweiterung der Terzenschichtung ist übrigens kein Phänomen, welches nur bei Skrjabin vorkommt. Ein Beispiel für eine Erweiterung der Terzenschichtung bis zur Neuntönigkeit bei einem anderen Komponisten ist die folgende Stelle aus Mahlers 10. Sinfonie:

X

Gustav Mahler Sinfonie Nr. 10, 1. Satz Takt 206

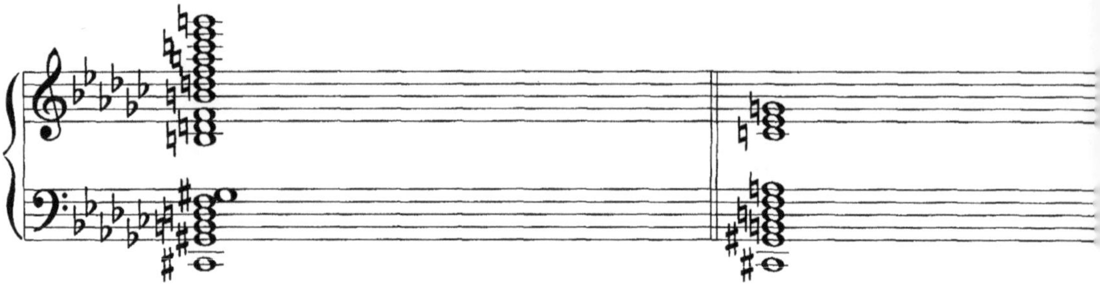

Gustav Mahler Sinfonie Nr. 10, 1. Satz Takt 206 Als Extrakt notiert

Eine Erweiterung bis zur Elftönigkeit findet sich in der „Erwartung“ (1909) von Arnold Schönberg. Diese folgende Stelle gibt er in seiner Harmonielehre[42] an:

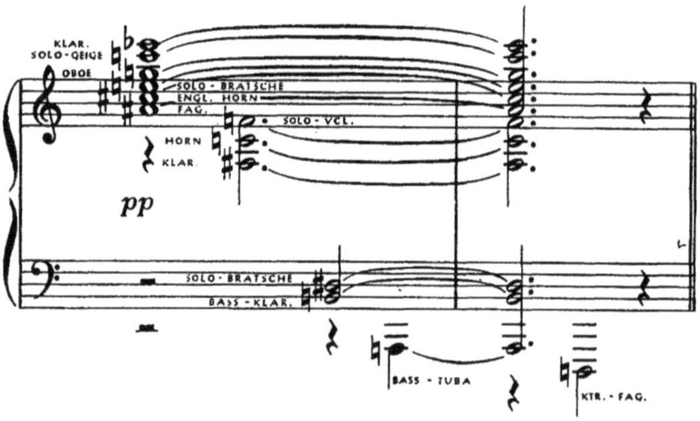

Arnold Schönberg „Erwartung“

Eine weitere Stelle, die die Tendenz zur Erweiterung der Akkorde zeigt, ist der Anfang der Kammersymphonie op. 9b von Schönberg (1905):

---

[42] Arnold Schönberg, Harmonielehre, Universal Edition, Auflage 1986, S. 499

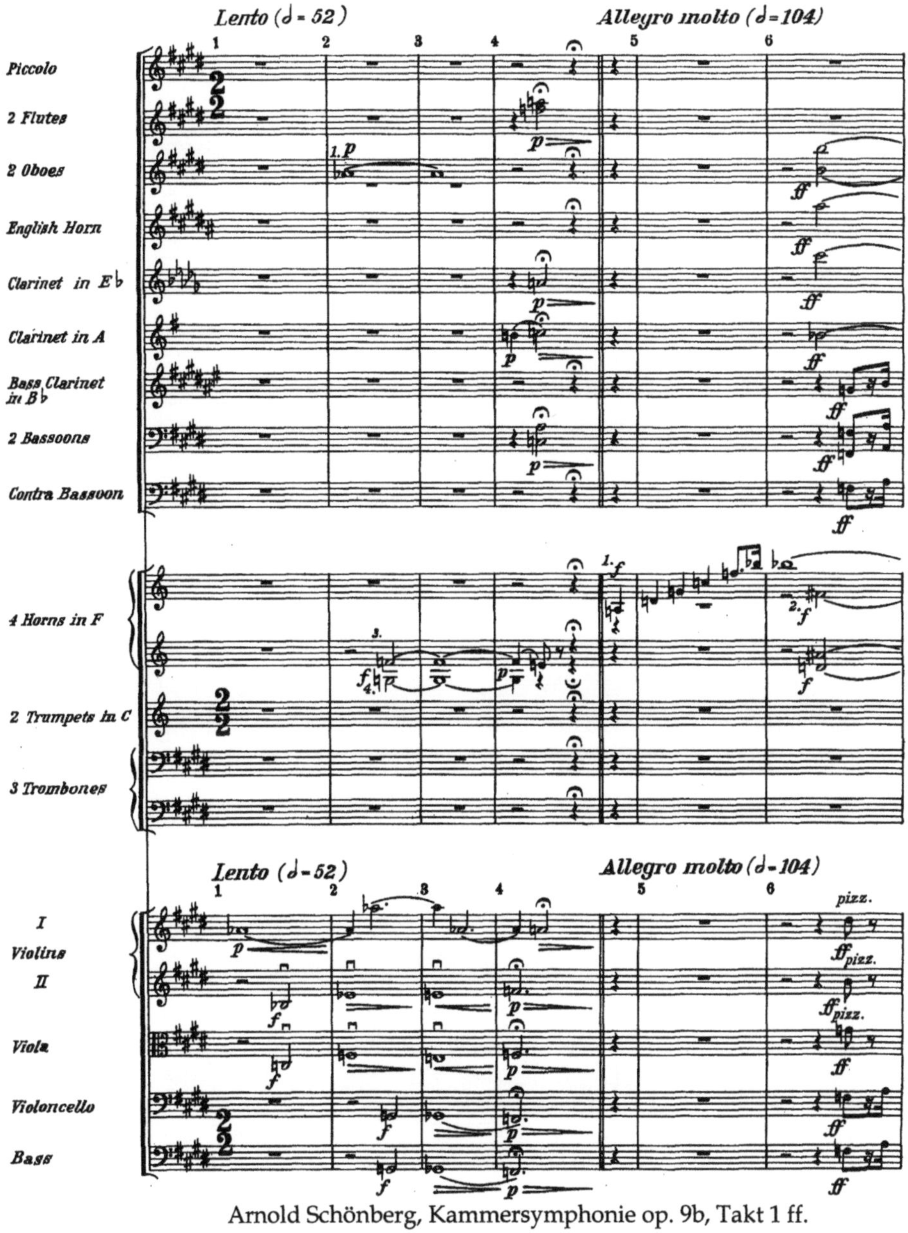

Arnold Schönberg, Kammersymphonie op. 9b, Takt 1 ff.

Diese Takte sind auch gleichzeitig ein Beleg für die Tendenz in dieser Zeit Akkorde in Quarten zu schichten. Schönberg widmet dieser Idee bekanntermaßen ein ganzes Kapitel in seiner Harmonielehre.[43]

---

[43] Arnold Schönberg, Harmonielehre, Universal Edition, Auflage 1986, S. 477 ff.

Ein letztes Beispiel aus den Jahren 1909-1912 ist der Anfang des „Nocturne" aus „Daphnis und Chloe" von Maurice Ravel.

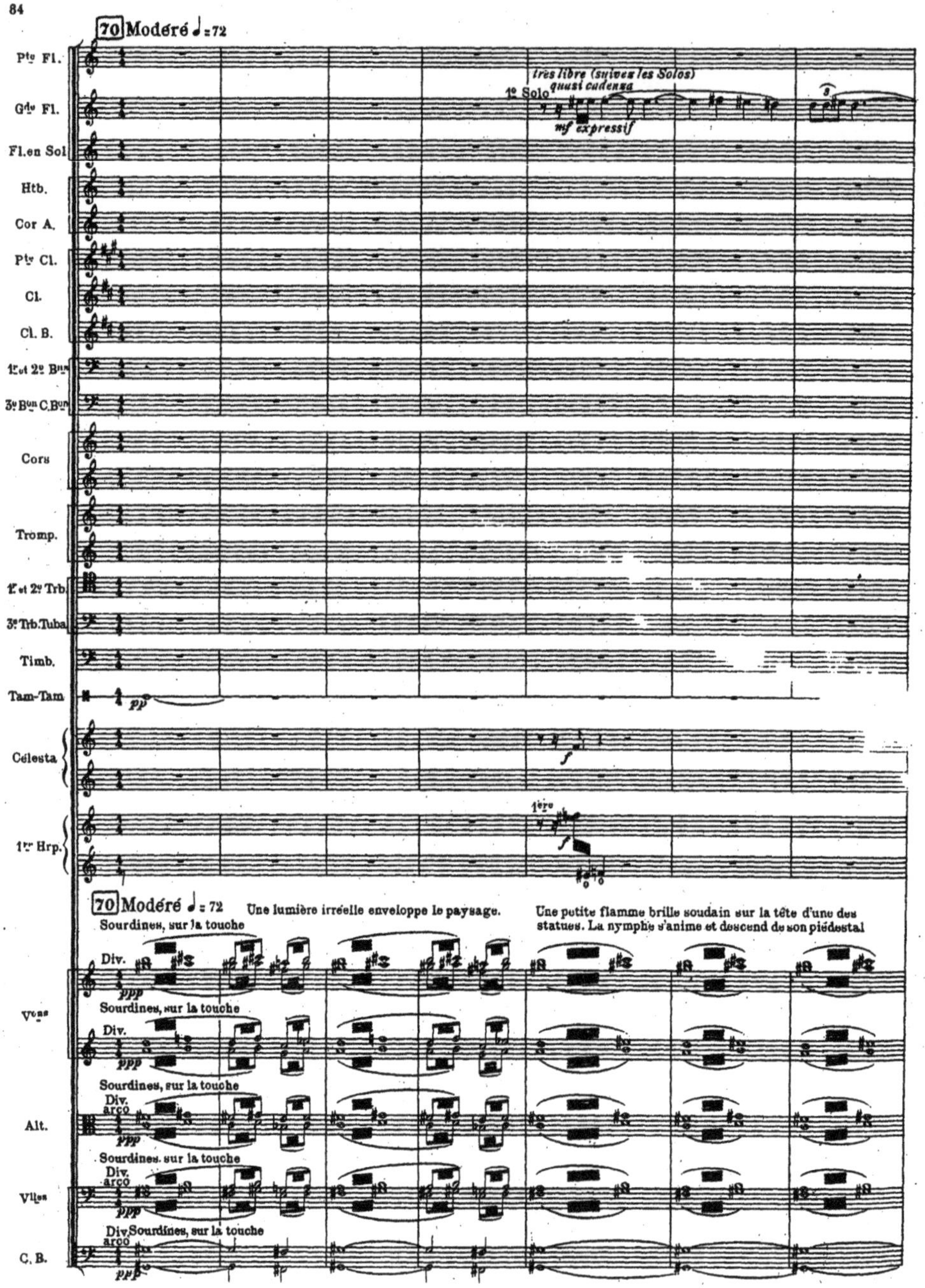

Maurice Ravel: „Nocturne" aus „Daphnis und Chloe", Ziffer 70 ff.

Auch hier ist die Erweiterung des Akkordes bis zur Neuntönigkeit vorgedrungen, und auch hier setzt sich die Quartenschichtung durch. Besonders bemerkenswert sind hier einige Parallelen zu Skrjabin. Es handelt sich hier nämlich um einen „Skrjabin-Akkord" auf dem Ton „D", mit hochalterierter Quarte (!) „gis" im Baß, Sexte „h", Septe „c" und Quinte „a", es fehlt nur die None. Auch die Orthographie ist identisch. Dieser Akkord ist durch Triller verwirbelt, auch ein Stilmittel, welches Skrjabin häufig verwendet.[44]

Skrjabin treibt die Aufschichtung von Terzen und Quarten aber noch weiter, bis das chromatische Total auf beiden Wegen erschlossen ist.

Dieses allerdings konnte Skrjabin in keinem Werk mehr realisieren. Diese Entwicklung deutet sich lediglich in seinen Skizzen zur „Vorbereitenden Handlung" an.[45]
Auf Seite 12, zum Beispiel, wird der „Prometheus-Akkord" bis zur Zehntönigkeit erweitert. Über der oben erwähnten Ausweitung der Quartenstruktur durch die Quinte ist nun eine Terzenschichtung errichtet:

Noch weiter ist diese Aufschichtung in einem dreizehntönigen, aus zehn verschiedenen Tönen bestehenden Akkord auf Seite 19 getrieben:

---

[44] Interessant ist vielleicht auch die Assoziation mit Feuer, denn in der Regieanweisung heißt es: *„Une petite flamme brille soudain sur la tête d'une des statues"*. Das Feuer spielt in Skrjabins Gedankenwelt eine wichtige Rolle, so heißt der „Prometheus" im Untertitel „Poème du Feu", Klavierstücke tragen Titel wie „Vers la Flamme", oder „Flammes sombres".

[45] Im Skrjabin-Museum in Moskau werden 55 Seiten aufbewahrt im Folgenden zitiert nach Gottfried Eberle, Zwischen Tonalität und Atonalität, a.a.O., S. 114/115

Auf Seite 14 ist dann das chromatische Total erschlossen, ein Akkord, der überwiegend aus Quarten besteht.

Auch die Terzenschichtung wird bis zum chromatischen Total vorangetrieben.

An anderer Stelle ist der gleiche Akkord so notiert, daß die Terzenschichtung auch im Schriftbild deutlich wird.

2. Teil:
Die Klangfortschreitungen

1. Die Entwicklung bis zum „Prometheus"

Im ersten Teil habe ich vorwiegend den vertikalen Aspekt der Harmonik, nämlich die Struktur der Zusammenklänge, untersucht. Dabei spielte auch die Akkordverbindung, also Fragen der Stimmführung, wie die Auflösungen von Dissonanzen, eine Rolle. Insofern wurde auch die horizontale Komponente der Harmonik gestreift.
Neben der Akkordverbindung gibt es noch einen weiteren horizontalen Aspekt, nämlich den der Klangfortschreitung. Es geht im Folgenden also um die Fragen:
Wie schreiten die Klänge voran? Auf welchem System bewegen sich die Basis- oder Grundtöne der Akkorde? Hängt dieses System mit dem Skrjabin-Akkord selbst zusammen? In welchem historischen Kontext steht dieses System, gibt es historische Wurzeln?

Bis zum „Prometheus" bewegte sich die Akkordfortschreitung innerhalb der traditionellen Quintentreppe. Die Dominanten wurden mit immer mehr charakteristischen Dissonanzen versehen, und die verschiedenen Formen der Dominante breiteten sich weiter aus und bestimmten zunehmend den Satz.
Dominante heißt ja Oberquinte, weshalb Dominanten einen Quintfall nach sich ziehen, wenn sie nicht gerade trugschlüssig aufgelöst werden, oder für eine Modulation enharmonisch umgedeutet werden. Dieses schließliche Überwiegen der Dominantklänge im Tonsatz zog die Bevorzugung des Quintfallverhältnisses nach sich, denn mit dem Ausbreiten des Skrjabin-Akkordes als Dominante breitet sich auch der Quintfall aus.
Die Quintfall-Fortschreitungen wurden deshalb häufiger, wie im Poème fantasque" op. 45 Nr. 2:

G C

Poème fantasque op. 45 Nr. 2: Takt 1 - 2

Hier mit der Verdichtung oder Überlagerung von zwei aufeinander folgenden Akkorden.

Oder in Prelude op. 48 Nr. 4:

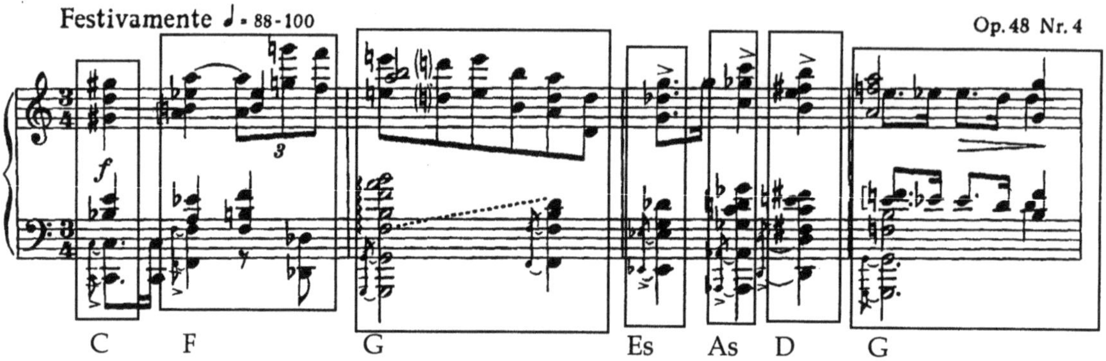

Prelude op. 48 Nr. 4 Takt 1-4

Oder in Danse languide op. 51 Nr. 4:

Danse languide op. 51 Nr. 4 Takt 1 – 5

Nur kurze Zeit später gab es dann auch lange Quintfallketten. Quintfallsequenzen bestimmten ganze Stücke, wie das Scherzo op. 46:

Scherzo op. 46 Takt 1-4

. . . oder in „Caresse dansée" op. 57 Nr. 2. Um dieses Stadium der Entwicklung kurz vor der Auflösung der Dur-Moll-Tonalität und seine Problematik darstellen zu können, hier die genaue harmonische Analyse des op. 57:

Caresse dansée

Op. 57 Nr. 2

32

Skrjabin: „Caresse dansée op. 57 Nr. 2

Möglicherweise ging es Skrjabin darum, einen Klang in verschiedenen Bedeutungszusammenhängen darzustellen. Der Klang verliert, verglichen mit früherem Tondenken, an Eindeutigkeit und ist abhängig von dem Zusammenhang, in dem er vorkommt. Das Opus 57 besteht aus zwei Stücken, die beide mit dem gleichen Akkord anfangen, beide jedoch mit unterschiedlichem Grundton. Im Laufe des zweiten Stückes kommt noch eine dritte Deutung des Akkordes vor. Es ist aber festzustellen, daß die traditionelle Harmonik, was die Klangfortschreitung angeht, das Denken noch bestimmt.

Die Stücke beginnen mit dem oberen Teil des Skrjabin-Akkords in zwei verschiedenen Bedeutungszusammenhängen: Derselbe Klang ist einmal auf „c" das andere Mal auf „d" bezogen, einmal als verkürzte Dominante mit Septe im Baß und hinzugefügter Sext und None und einmal als 1. Stufe einer Quintfallsequenz. Der Klang hat je nach Zusammenhang einen anderen Sinn.

Prometheus-Akkord — oberer Teil des Prometheus-Akkordes

$\not{D}_{7}^{\substack{9\\6}}$, Grundton ist also „d".

Desir op. 57 Nr. 1 Takt 1

Analyse Caresse dansée:

Der Kern des Stückes ist eine Quintfallsequenz, . . .

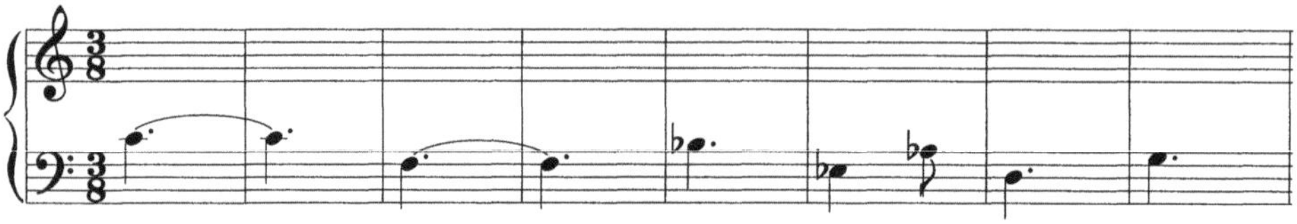

. . . bei der jeder Akkord mit einer kleinen Septime vorkommt, gleichzeitig Ziel des vorhergehenden Klanges und Zwischendominante des nächsten Gliedes.

Die Terzen werden abwärts geführt in die Septime des nächsten Akkordes und die Septimen in die Terz, so daß beide Stimmen chromatisch abwärts gehen.

Weiterhin werden die Klänge mit 4< bzw. 5> angereichert . . .

. . . und mit der Sexte im Baß versehen.

Um die Vierstimmigkeit zu erhalten, ist jeder zweite Klang verkürzt. Außerdem ist im Alt eine Art Vorhaltskette.

Dieses Grundmodell ist dann melodisch angereichert.

Caresse Dansee op. 57 Nr. 2 Takt 1-8

Der erste Teil, von Takt 1-16, ist wiederum zweigeteilt: Takt 1-8 und 9-16. Wenn man C als Grundtonart ansieht, so ist in Takt 8 ein Halbschluß auf G. Die zweite Hälfte wiederholt die Quintfallsequenz, beginnt aber auf der IV. Stufe, so daß in Takt 16 der Ganzschluß kommt. Durch die Sequenz ist eine Einteilung in 4 x 2 + 4 x 2 Takten möglich. Aus diesem Grund würde ich diesen Teil als Periode ansehen, mit Vorder- und Nachsatz.

Das Besondere an diesem Anfangsakkord ist, daß er eine klanggleiche Umkehrung hat, d.h. eine Umkehrung, die den gleichen Intervallaufbau hat, wie der Ausgangsakkord, so daß er enharmonisch umdeutbar ist (c, e, ges, b oder fis, ais, c, e). Der Klang kann also auch auf „fis" bezogen werden, was in Takt 17 realisiert wird. Das ist auch der Grund, warum hier, anders als in Takt 1, kein „b", sondern „ais" notiert ist. Und wieder ist eine Quintfallsequenz die Grundlage. Diesmal von „fis" aus:

Das zweite Glied der Sequenz ist allerdings ausgerenkt (Takt 19), es wird in Takt 21 wieder eingerenkt. Diese Quintfallsequenz endet auf „c" der Grundtonart.

Ab Takt 33 ist die Quintfallsequenz wieder deutlicher, besonders in der linken Hand. In der rechten Hand erklingen Zusatztöne, wie 7, 6, 5< etc.

Ab Takt 49 wird der erste Teil wiederholt, bricht aber nach sechs Takten (Takt 55) ab. Der Satz stagniert: Takt 56 wiederholt nach einem Takt Pause den Takt 54 eine Oktave tiefer, dann wieder Pause. Takt 58 führt die Sequenz zu Ende und mündet in „C", der Grundtonart.

Die Zentralidee des Stückes war, meine ich, die Quintfallsequenz. Das ganze Stück besteht nur aus ihr. Sie wurde chaconneartig drei Mal variiert und verfremdet. Harmonik ist hier also auch formbildend, das heißt, harmonische und formale Einschnitte decken sich.

Man erkennt also den Bezug zum traditionellen Denken, was die Klangfortschreitung betrifft. Aber auch die tonalitätsauflösenden Tendenzen sind weit vorangetrieben. Akkorde verlieren zunehmend an Eindeutigkeit in Bezug auf ihre Funktion.

Eine bestimmte Intervallstruktur kann auf jeder Stufe erscheinen und ist nicht mehr auf eine bestimmte Funktion festgelegt, da charakteristische Dissonanzen ihren Sinn als funktionsschärfende Töne verlieren und zu einem Farbreiz im Akkord werden.

Die Quintverwandtschaft von terzgeschichteten Dreiklängen ist infolge der Durchdringung des Stückes mit Quartstrukturen verschleiert.

Es ist nur konsequent, wenn die traditionelle Harmonik des Quintenzirkels ab op. 58 zugunsten einer anderen, neuen Harmonik verlassen wird.

Die Auflösung der funktionalen Harmonik

Das Ausbreiten des „Skrjabin-Akkordes", bis er zum alleinigen Prinzip wird, hat die Auflösung des funktionsharmonischen Zusammenhangs zur Folge, da

1. charakteristische Dissonanzen ihren Sinn verlieren, da deren funktionsschärfende, die Funktion stützende Wirkung verlorengeht,

2. die Bildung von Quartstrukturen das Klangbild zunehmend verändert, und damit das Verhältnis von terzgeschichteten Dreiklängen zueinander mehr und mehr verschleiert wird,

3. durch die Erweiterung des Terzenaufbaus die Akkorde an funktionalem Sinn verlieren, da ihre Funktion nicht mehr eindeutig ist, denn ein Terzenaufbau bis zur Tredezime oder Quindezime (z.B. 5. Klaviersonate) umfaßt die Dreiklänge der Tonika, Subdominante und Dominante.

4. Die Akkorde werden mehrdeutig. Die gleiche Intervallstruktur kann in völlig unterschiedlichen Funktionen vorkommen, wie zum Beispiel in den beiden Stücken op. 57 Nr. 1 und 2.

Bestimmte Intervallkonstellationen sind nicht mehr eindeutig einer bestimmten Funktion zuzuordnen, ja, wie sich gezeigt hat, ändert sich je nach Zusammenhang sogar der Grund- oder Bezugston dergleichen Intervallstruktur. Der Reiz liegt nun vielmehr in der Mehrdeutigkeit der Klänge.

Diese Mehrdeutigkeit führt zunächst zum Verlust der funktionellen Identität der Klänge und schließlich zur gänzlichen Aufgabe des funktionalen Zusammenhangs, der Quintverwandtschaft, zum Verlassen der Quintentreppe.
Die zwei Stücke op. 57 „Desir" und „Caresse dansee" stellen einen Endpunkt in der Entwicklung der Harmonik dar. Es sind die beiden Stücke, die unmittelbar vor dem „Prometheus" entstanden sind - op. 58 und op. 59 sind während der Arbeit am „Prometheus" entstanden - und die letzten, die noch der traditionellen Tonalität, das heißt, in irgendeiner Form der Quintverwandtschaft verbunden sind.
Die oben aufgeführten Entwicklungen sind weit fortgeschritten, mit den erwähnten Konsequenzen. Die funktionelle Tonalität steht kurz vor ihrer Auflösung, denn es entstehen einige Probleme:
Dieses häufige Vorkommen der Quintverwandtschaft und das schließliche Überwiegen ist für die Dauer einiger Stücke sicher praktikabel. Der ständige, exzessive Gebrauch von Quintfallsequenzen ist auf Dauer allerdings nicht ganz unproblematisch, da gewisse Abnutzungserscheinungen ermüdend wirken können. Quintfallsequenzen taugen als Gerüst für so komplexe Akkorde, wie die „Skrjabin-Akkorde", auf Dauer gesehen nicht, sie sind für eine so komplexe Harmonik ganz einfach nicht tragfähig.
Ab op. 58 gibt es in Skrjabins Werk so gut wie gar keine Quintfortschreitungen mehr.
Es stellt sich nun die Frage, ob das System der Quintentreppe durch ein anderes System ersetzt wurde, oder ob die Klangfortschreitungen völlig frei sind.

Im traditionellen harmonischen Denken gibt es einen Zusammenhang zwischen dem Tonbestand (dem Tonsystem), den möglichen Zusammenklängen (den Dreiklängen) und dem Fortschreitungssystem, (der Quintentreppe). So geht eines aus dem anderen hervor: Die Töne eines Ausschnittes der Quintentreppe bilden das Tonsystem.

Aus diesem Tonsystem werden mögliche Zusammenklänge entwickelt, die auf Terzenschichtung beruhen.

Diese Terzenschichtungen haben als Rahmenintervall die Quinte, was wiederum die Quintverwandtschaft - Grundton wird Quinte bzw. Quinte wird Grundton - nach sich zieht. Die Akkorde sind deshalb wiederum auf der Quintentreppe angeordnet:

2. Das neue Fortschreitungs-System seit dem „Prometheus"

Wenn es im traditionellen harmonischen Denken einen solchen Zusammenhang gibt, warum sollte man dann nicht versuchen, aus den neu gewonnenen Akkorden ein System der Klangverbindungen abzuleiten?
Skrjabin versuchte zunächst, aus dem Prometheus-Akkord ein neues Klangfortschreitungssystem abzuleiten. Dabei wendete er traditionelle Denkmodelle an und versuchte diese auf die Prometheus-Harmonik zu übertragen, wie zwei Skizzen aus der Zeit des „Prometheus" belegen: [46]

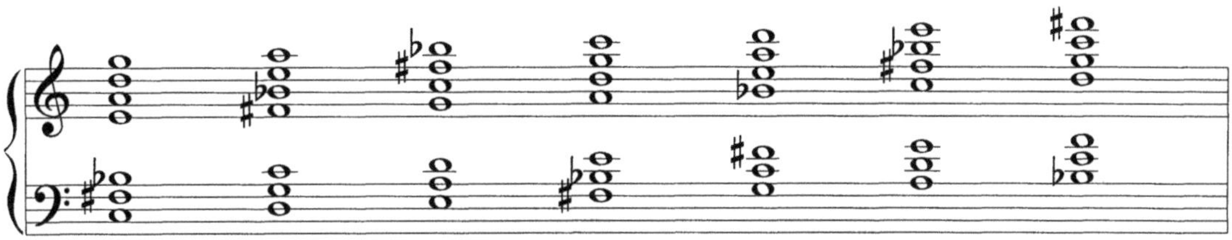

Es ging vermutlich bei dieser Skizze um den Zusammenhang von Tonskala und Akkorden. In einigen Theorien über Harmonik wird über jedem Ton einer Tonleiter ein Akkord gebildet. Diese Stelle scheint eine Analogie dieser Denkweise zu sein. Der Prometheus-Akkord ist, um die Quinte g erweitert, in einer Oktave als Tonleiter notiert, und über jeder der Stufen ist der siebentönige Akkord errichtet. Einige Systeme vorher ist das gleiche in Terzenschichtung notiert. An anderer Stelle sind Verbindungen dieser

[46] Zitiert nach C. Eberle, Zwischen Tonalität... a.a.0. S. 64

Akkorde notiert. Und hier wird deutlich, daß dieser Weg eine Sackgasse ist. Das Problematische ist nämlich, daß die Akkorde aus 7 Tönen bestehen, genau wie die Skala, und es sind nicht einmal unterschiedliche Töne. Die Folge ist, daß eine Akkordverbindung lediglich Umschichtungen und keine wirkliche Fortschreitung ergibt.

Dieser Versuch zeigt aber, daß Skrjabin traditionelle Strukturen auf sein Tondenken zu übertragen versucht.
Auch ein Zitat Skrjabins belegt den Versuch aus der traditionellen Harmonik isomorphe Fortschreitungssysteme zu entwickeln:

„Bei mir im Prometheus ist bereits ein anderes System nicht die Polarität von Tonika und Dominante, sondern von Zusammenklängen, die im Abstand einer verminderten Quinte stehen."[47]

So Skrjabin über den „Prometheus". Das heißt, an die Stelle Dominante - Tonika, des Quintfalles, tritt nun der Tritonusfall. Skrjabin beendet die meisten Stücke nach dem „Prometheus" auch mit einem Tritonusfall. Hier zum Beispiel der Schluß von „Masque" op. 63 Nr. 1

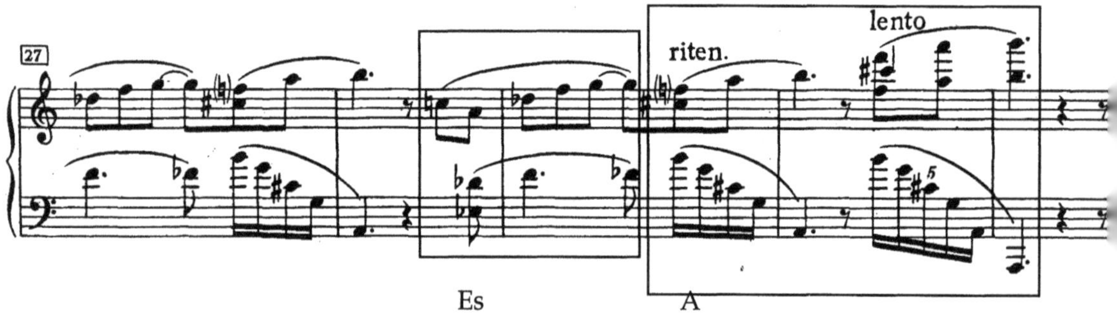

Masque op. 63 Nr. 1 Takt 27-31

Aber auch dieser Versuch führt nicht sehr weit, denn die einstige Spannung V - I schwindet beim Tritonusfall auf ein Minimum. Nicht nur weil es keinen Unterschied zum Tritonusstieg gibt, (anders als bei der Quintverwandtschaft) sondern auch, da sich die Töne der Harmonien kaum unterscheiden, dasselbe Problem wie beim oben aufgeführten Versuch. In op. 74 Nr. 5 schließlich ist der Unterschied nur so gering, daß er nicht mehr hörbar ist. Er drückt sich nur mehr in der Orthographie aus:

[47] Leonid Sabaneev, Vospominanija o Skrjabine a.a.O. S. 224, zitiert in: Musik-Konzepte 32/33, a.a.O., S. 8

Prelude op. 74 Nr. 5 Takt 15-17

Hier ist der Tritonusfall vom „Skrjabin-Akkord" auf A zum Akkord auf Es notiert. Diese beiden Akkorde bestehen enharmonisch aus den gleichen Tönen, so ist die Oberstimme in beiden Fällen auch die gleiche.
Auch dieses stellt sich also als eine Sackgasse heraus. - (Jedenfalls zunächst, denn diese Versuche führen später, wie weiter unten zu zeigen sein wird, zur Bildung neuer Tonsysteme.)

In dem Werk für großes Orchester „Prometheus", Le Poème du Feu Op. 60 verläßt Skrjabin das traditionelle System der Quintentreppe. Aber durch welches neue System ist die Quintentreppe ersetzt? Gibt es überhaupt eine Systematik?
Um diese Frage beantworten zu können habe ich zunächst einmal den „Prometheus" harmonisch analysiert.

Harmonische Analyse von: „Prometheus", Le Poème du feu Op. 60

Die traditionelle Dur-Moll-Tonalität hat Skrjabin mit diesem Werk verlassen. Weil die Zusammenklänge aber aus Dominanten entstanden sind, also aus traditionellen Akkorden, lassen sie sich auf einen Grundton beziehen. Ich habe im Folgenden jeden Akkord dieses Werkes analysiert und den Grundton notiert.
Bei der Analyse ist übrigens die „Luce"-Stimme zur Orientierung sehr hilfreich, denn diese spielt fast immer den Grundton der jeweiligen Harmonie. (Leider nicht immer , so daß es einem nicht erspart bleibt alles genau zu analysieren.)
Außer den Grundtönen der jeweiligen Harmonien spielt die „Luce"-Stimme noch eine zweite Stimme. Die Töne dieser Stimme werden erheblich länger liegen gelassen, so daß das Werk dadurch in mehrere Teile gegliedert wird. Ich habe diese langen Töne der „Luce"-Stimme immer am Anfang der jeweiligen Teile als „Zentrum laut ‚Luce'-Stimme" notiert.

Die weiteren Bestandteile des Akkordes sind in einer weiteren Spalte notiert. Diese beziehen sich als Intervalle auf den Grundton. Gr. 3 heißt große Terz, kl. 7 kleine Septe, 4< übermäßige Quart usw.

Takt	Grundton	Weitere Akkordtöne	Besonderheiten
Zentrum laut „Luce"- Stimme Fis:			
1	A	gr.3; 4<; gr. 6; kl. 7; gr.9	7 im Baß
2	A	gr.3; 4<; gr. 6; kl. 7; gr.9	
3	A	gr.3; 4<; gr. 6; kl. 7; gr.9	
4	A	gr.3; 4<; gr. 6; kl. 7; gr.9	
5	A	gr.3; 4<; gr. 6; kl. 7; gr.9	
6	A	gr.3; 4<; gr. 6; kl. 7; gr.9	
7	A	gr.3; 4<; gr. 6; kl. 7; gr.9	
8	A	gr.3; 4<; gr. 6; kl. 7; gr.9	
9	A	gr.3; 4<; gr. 6; kl. 7; gr.9	
10	A	gr.3; 4<; gr. 6; kl. 7; gr.9	9 - 9b
11	A	gr.3; 4<; gr. 6; kl. 7; gr.9	
12	A	gr.3; 4<; gr. 6; kl. 7; gr.9	
13	Es	gr.3; 4<; gr. 6; kl. 7; gr.9	3 im Baß
14	Es	gr.3; 4<; gr. 6; kl. 7; gr.9	
15	C	gr.3; 4<; gr. 6; kl. 7; gr.9	4 - 3 (vorbereiteter Vorhalt)
16	A	gr.3; 4<; gr. 6; kl. 7; gr.9	4 -3 (vorbereitet)
17	A	gr.3; 4<; gr. 6; kl. 7; gr.9	
18	A	gr.3; 4<; gr. 6; kl. 7; gr.9	
19	Fis	gr.3; 4<; gr. 6; kl. 7	4 - 3 (vorbereitet); keine 9
20	Es	gr.3; 4<; gr. 6; kl. 7; gr.9	
21	A	gr.3; 4<; kl./gr. 6; kl. 7; gr.9	kl./gr. 6 als Querstand
22	Fis	gr.3; 4<; gr. 6; kl. 7; gr.9	
23	A	gr.3; 4<; gr. 6; kl. 7; gr.9	chromatische Durchgänge
24	A	gr.3; 4<; gr. 6; kl. 7; gr.9	
25	A	gr.3; 4<; gr. 6; kl. 7; gr.9	
26	A	gr.3; 4<; gr. 6; kl. 7; gr.9	
27	Fis, A	gr.3; 4<; gr. 6; kl. 7; gr.9	
28	Fis	gr.3; 4<; gr. 6; kl. 7; gr.9	künstlicher Leitton 8< - 9
29	Fis	gr.3; 4<; gr. 6; kl. 7; gr.9	
30	Fis	gr.3; 4<; gr. 6; kl. 7; gr.9	
31	Fis	gr.3; 4<; gr. 6; kl. 7; gr.9	

Takt	Grundton	Weitere Akkordtöne	Besonderheiten
32	Fis	gr.3; 4<; gr. 6; kl. 7; gr.9	
33	Es	gr.3; 4<; gr. 6; kl. 7; gr.9	
34	Es	gr.3; 4<; gr. 6; kl. 7; gr.9	
35	Es, Ges	gr.3; 4<; gr. 6; kl. 7; gr.9	vgl. Takt 27
36	Es	gr.3; 4<; gr. 6; kl. 7; gr.9	
37	Es	gr.3; 4<; gr. 6; kl. 7; gr.9	
38	Es	gr.3; 4<; gr. 6; kl. 7; gr.9	
39	Es	gr.3; 4<; gr. 6; kl. 7; gr.9	
40	Es	gr.3; 4<; gr. 6; kl. 7; gr.9	
41	C	gr.3; 4<; gr. 6; kl. 7; gr.9	
42	C	gr.3; 4<; gr. 6; kl. 7; gr.9	
43	C	gr.3; 4<; gr. 6; kl. 7; gr.9	
44	C	gr.3; 4<; gr. 6; kl. 7; gr.9	
45	C	gr.3; 4<; gr. 6; kl. 7; gr.9	
46	C	gr.3; 4<; gr. 6; kl. 7; gr.9	
47	Fis	gr.3; 4<; gr. 6; kl. 7; gr.9	8< - 9, Fis wird Orgelpunkt
48	Fis	gr.3; 4<; gr. 6; kl. 7; gr.9	
49	D	gr.3; 4<; gr. 6; kl. 7; gr.9	
50	D	gr.3; 4<; gr. 6; kl. 7; gr.9	
50	E	gr.3; 4<; gr. 6; kl. 7; gr.9	
51	Cis	gr.3; 4<; gr. 6; kl. 7; gr.9	
51	E	gr.3; 4<; gr. 6; kl. 7; gr.9	
52	Cis	gr.3; 4<; gr. 6; kl. 7; gr.9	8< - 9
53	Cis	gr.3; 4<; gr. 6; kl. 7; gr.9	Unterquintiert mit Orgelpunkt Fis
54	Cis	gr.3; 4<; gr. 6; kl. 7; gr.9	
55	Cis	gr.3; 4<; gr. 6; kl. 7; gr.9	
56	Cis	gr.3; 4<; gr. 6; kl. 7; gr.9	
57	D	gr.3; 4<; gr. 6; kl. 7; gr.9	8< - 9
58	Fis	gr.3; 4<; gr. 6; kl. 7; gr.9	mit 5
59	Cis	gr.3; 4<; gr. 6; kl. 7; gr.9	immer noch Orgelpunkt Fis
60	Cis	gr.3; 4<; gr. 6; kl. 7; gr.9	
61	Cis	gr.3; 4<; gr. 6; kl. 7; gr.9	
62	Cis	gr.3; 4<; gr. 6; kl. 7; gr.9	
63	Cis	gr.3; 4<; gr. 6; kl. 7; gr.9	
64	Cis	gr.3; 4<; gr. 6; kl. 7; gr.9	
65	Cis	gr.3; 4<; gr. 6; kl. 7; gr.9	Ende des Orgelpunktes auf „Fis“

Takt	Grundton	Weitere Akkordtöne	Besonderheiten
66	Cis	gr.3; 4<; gr. 6; kl. 7; gr.9	
67	A	4<; gr.9	ohne cis
67	Fis	gr.3; 4<; kl. 7	
68	Es	4<; gr. 6; kl. 7;	ohne g
68	C	gr. 3; 4<; kl. 7	7 als überm. 6 otiert
68	A	gr. 3; 5>; kl. 7	5>, statt 4< notiert
69	Fis	gr.3; 4<; gr. 6; kl. 7; gr.9	
70	Fis	gr.3; 4<; gr. 6; kl. 7; gr.9	
71	Fis	gr.3; 4<; gr. 6; kl. 7; gr.9	
72	Fis	gr.3; 4<; gr. 6; kl. 7; gr.9	
73	Fis	gr.3; 4<; gr. 6; kl. 7; gr.9	
74	C	gr.3; 4<; gr. 6; kl. 7; gr.9	
74	Fis	gr.3; 4<; kl. 7; gr.9	
75	Fis	gr.3; 4<; gr. 6; kl. 7; gr.9	
76	C	gr.3; 4<; kl. 7; gr.9	
76	Fis	gr.3; 4<; kl. 7; gr.9	Orthographie wegen der Lesbarkeit in den Streichern verändert
77	Fis	gr.3; 4<; gr. 6; kl. 7; gr.9	
78	C	gr.3; 4<; kl. 7; gr.9	
79	C	gr.3; 4<; gr. 6; kl. 7; gr.9	
80	C	gr.3; 4<; gr. 6; kl. 7; gr.9	
81	C	gr.3; 4<; gr. 6; kl. 7; gr.9	
81	A	4<; gr.9	
81	Fis	gr.3; 4<; kl. 7;	
82	Es	4<; kl. 7; gr.9	
82	C	gr.3; 4<; kl. 7	kl. 7 als überm. 6 notiert
82	A	gr.3; 5<; kl. 7	4< als 5> notiert
83	Fis	gr.3; 4<; gr. 6; kl. 7; gr.9	
84	Fis	gr.3; 4<; gr. 6; kl. 7; gr.9	
85	Fis	gr.3; 4<; gr. 6; kl. 7; gr.9	
86	D	gr.3; 4<; gr. 6; kl. 7; gr.9	chromatische Durchgangs- bzw. Wechselnoten im Holz

Neues Zentrum, nach „Luce"- Stimme „As"

Takt	Grundton	Weitere Akkordtöne	Besonderheiten
87	F	gr.3; 4<; gr. 6; kl. 7; gr.9	

Takt	Grundton	Weitere Akkordtöne	Besonderheiten
88	F	gr.3; 4<; gr. 6; kl. 7; gr.9	
89	F	gr.3; 4<; gr. 6; kl. 7; gr.9	chromatische Durchgänge in der Flöte
90	H	gr.3; 4<; kl. 6; kl. 7; gr.9	
91	F	gr.3; 4<; gr. 6; kl. 7; gr.9	
92	F	gr.3; 4<; gr. 6; kl. 7; gr.9	
93	F	gr.3; 4<; gr. 6; kl. 7; gr.9	
94	Cis	gr.3; 4<; gr. 6; kl. 7; gr.9	
95	Cis	gr.3; 4<; gr. 6; kl. 7; gr.9	
96	Cis	gr.3; 4<; gr. 6; kl. 7; gr.9	
97	G	gr.3; 4<; gr. 6; kl. 7; gr.9	chromatische Durchgänge
98	Es	gr.3; 4<; gr. 6; kl. 7; gr.9	in der Flöte
99	C	gr.3; 4<; gr. 6; kl. 7; kl.9	
100	Es	gr.3; 4<; gr. 6; kl. 7; gr.9	
101	E	gr.3; 4<; gr. 6; kl. 7; gr.9	
102	E	gr.3; 4<; gr. 6; kl. 7; gr.9	
103	Es	gr.3; 4<; gr. 6; kl. 7; gr.9	
104	Es	gr.3; 4<; gr. 6; kl. 7; gr.9	
105	H	gr.3; 4<; gr. 6; kl. 7; gr.9	
106	H	gr.3; 5>; gr. 6; kl. 7; gr.9	5>, statt 4< im Kontrabaß, wegen der horizontalen Lesbarkeit
107	As	gr.3; 4<; gr. 6; kl. 7	
108	As	gr.3; 4<; gr. 6; kl. 7	
109	F	gr.3; 4<; gr. 6; kl. 7; gr.9	
Neues Zentrum, nach „Luce“- Stimme „B“:			
110	H	gr.3; 4<; gr. 6; kl. 7; gr.9	chrom. Durchg. in Ob., Fl.
111	F	gr.3; 4<; gr. 6; kl. 7; gr.9	
112	F	gr.3; 4<; gr. 6; kl. 7; gr.9	
113	Des	gr.3; 4<; gr. 6; kl. 7; gr.9	
114	Des	gr.3; 4<; gr. 6; kl. 7; gr.9	
115	B	gr.3; 4<; gr. 6; kl. 7; gr.9	
116	Des	gr.3; 4<; gr. 6; kl. 7; gr.9	
117	B	gr.3; 4<; gr. 6; kl. 7; gr./kl.9	9 - 9< , mit 5
118	G	gr.3; 4<; gr. 6; kl. 7; gr.9	

Takt	Grundton	Weitere Akkordtöne	Besonderheiten
119	H	gr.3; 4<; gr. 6; kl. 7; gr.9	
120	D	gr.3; 4<; gr. 6; kl. 7; gr.9	
121	H	gr.3; 4<; gr. 6; kl. 7; gr.9	
122	As	gr.3; 4<; gr. 6; kl. 7; kl.9	
123	F	gr.3; 4<; gr. 6; kl. 7; gr.9	
124	H	gr.3; 4<; gr. 6; kl. 7; gr.9	
125	F	gr.3; 4<; gr. 6; kl. 7; gr.9	
126	H	gr.3; 4<; gr. 6; kl. 7; gr.9	
127	F	gr.3; 4<; gr. 6; kl. 7; gr.9	
128	F	gr.3; 4<; gr. 6; kl. 7; gr.9	
129	F	gr.3; kl. 7	
129	As	gr.3; 4<; kl. 7	
129	F	gr.3; kl. 7	
129	As	gr.3; 5<; kl. 7	5< als chrom. Durchg.
130	F	gr.3; kl. 6; kl. 7	
130	As	gr.3; 4<; kl. 7	
130	F	gr.3; 4<; gr. 6; kl. 7; gr.9	
131	D	gr.3; 4<; gr. 6; kl. 7; gr.9	
132	As	gr.3; 4<; gr. 6; kl. 7; gr.9	
133	F	gr.3; 4<; gr. 6; kl. 7; gr.9	
134	F	gr.3; 4<; gr. 6; kl. 7; gr.9	
135	G	gr.3; 4<; gr. 6; kl. 7; gr.9	
136	Des	gr.3; 4<; gr. 6; kl. 7; gr.9	
137	B	gr.3; 4<; gr. 6; kl. 7; gr.9	
138	B	gr.3; 4<; gr. 6; kl. 7; gr.9	
138	Fis	gr.3; 4<; kl. 6; kl. 7; gr.9	3, 6, 9 wegen der Lesbarkeit enharmonisch verwechselt
139	Fis	gr.3; 4<; gr. 6; kl. 7; gr.9	
140	Fis	gr.3; 4<; gr. 6; kl. 7; gr.9	
141	Fis	gr.3; 4<; gr. 6; kl. 7; gr.9	
142	Fis	gr.3; 4<; gr. 6; kl. 7; gr.9	
143	F	gr.3; 4<; gr. 6; kl. 7; gr.9	mit 5
144	F	gr.3; 4<; gr. 6; kl. 7; gr.9	
145	C	gr.3; 4<; gr. 6; kl. 7; gr.9	mit 5
146	C	gr.3; 4<; gr. 6; kl. 7; gr.9	
147	H	gr.3; 4<; gr. 6; kl. 7; gr.9	
148	H	gr.3; 4<; gr. 6; kl. 7; gr.9	
148	Gis	gr.3; 5>; gr. 6; kl. 7	chrom. Durchgänge in den Viol. II

Takt	Grundton	Weitere Akkordtöne	Besonderheiten
Neues Zentrum, nach „Luce“- Stimme „H“:			
149	H	gr.3; 4<; gr. 6; kl. 7; gr.9	
150	H	gr.3; 4<; gr. 6; kl. 7; gr.9	
151	H	gr.3; 4<; gr. 6; kl. 7; gr.9	
152	H	gr.3; 4<; gr. 6; kl. 7; gr.9	
153	C	gr.3; 4<; gr. 6; kl. 7; gr.9	
153	Fis	gr.3; 4<; gr. 6; kl. 7; gr.9	
154	C	gr.3; 4<; gr. 6; kl. 7; gr.9	
154	C	gr.3; 4<; gr. 6; kl. 7; gr.9	
155	C	gr.3; 4<; gr. 6; kl. 7; gr.9	
155	Fis	gr. 6; gr.9	„Rest“
155	C	gr. 6; gr.9	
156	C	gr.3; 4<; gr. 6; kl. 7; gr.9	
157	H	gr.3; 4<; gr. 6; kl. 7; gr.9	unterquintiert mit „e“
158	H	gr.3; 4<; gr. 6; kl. 7; gr.9	„e“ wird Orgelpunkt bis Takt 179
159	C	gr.3; 4<; gr. 6; kl. 7; gr.9	
159	Fis	gr.3; 4<; gr. 6; kl. 7; gr./kl.9	
160	C	gr.3; 4<; gr. 6; kl. 7; gr.9	
160	Fis	gr.3; 4<; gr. 6; kl. 7; gr.9	
Neues Zentrum, nach „Luce“- Stimme „C“:			
161	C	gr.3; 4<; gr. 6; kl. 7; gr.9	chrom. Wechselnoten
162	C	gr.3; 4<; gr. 6; kl. 7; gr.9	
Neues Zentrum, nach „Luce“- Stimme „H“:			
163	H	gr.3; 4<; gr. 6; kl. 7; gr.9	
164	H	gr.3; 4<; gr. 6; kl. 7; gr.9	
Neues Zentrum, nach „Luce“- Stimme „B“:			
165	C	gr.3; 4<; gr. 6; kl. 7; gr.9	
166	C	gr.3; 4<; gr. 6; kl. 7; gr.9	
Die großflächige „Luce“-Stimme pausiert:			
167	H	gr.3; 4<; gr. 6; kl. 7; gr.9	
168	H	gr.3; 4<; gr. 6; kl. 7; gr.9	

Takt	Grundton	Weitere Akkordtöne	Besonderheiten
Neues Zentrum, nach „Luce“- Stimme „B“			
169	C	gr.3; 4<; gr. 6; kl. 7; gr.9	
170	C	gr.3; 4<; gr. 6; kl. 7; gr.9	
171	C	gr.3; 4<; gr. 6; kl. 7; gr.9	
172	C	gr.3; 4<; gr. 6; kl. 7; gr.9	
173	H	gr.3; 4<; gr. 6; kl. 7; gr.9	
174	H	gr.3; 4<; gr. 6; kl. 7; gr.9	
175	H	gr.3; 4<; gr. 6; kl. 7; gr.9	
176	H	gr.3; 4<; gr. 6; kl. 7; gr.9	
177	H	gr.3; 4<; gr. 6; kl. 7; gr.9	
177	D	4<; kl. 7; gr.9	
177	H	gr.3; 4<; gr. 6; kl. 7; gr.9	
178	H	gr.3; 4<; gr. 6; kl. 7; gr.9	Ende Orgelpunkt „e“
179	H	gr.3; 4<; gr. 6; kl. 7; gr.9	
180	H	gr.3; 4<; gr. 6; kl. 7; gr.9	
181	F	gr.3; 4<; gr. 6; kl. 7; gr.9	
182	F	gr.3; 4<; gr. 6; kl. 7; gr.9	
Neues Zentrum, nach „Luce“- Stimme „C“:			
183	C	gr.3; 4<; gr. 6; kl. 7; gr.9	
184	C	gr.3; 4<; gr. 6; kl. 7; gr.9	
185	C	gr.3; 4<; gr. 6; kl. 7; gr.9	
186	C	gr.3; 4<; gr. 6; kl. 7; gr.9	
187	C	gr.3; 4<; gr. 6; kl. 7; gr.9	
188	C	gr.3; 4<; gr. 6; kl. 7; gr.9	
189	C	gr.3; 4<; gr. 6; kl. 7; gr.9	
190	C	gr.3; 4<; gr. 6; kl. 7; gr.9	
191	C	gr.3; 4<; gr. 6; kl. 7; gr.9	
192	C	gr.3; 4<; gr. 6; kl. 7; gr.9	
193	C	gr.3; 4<; gr. 6; kl. 7; gr.9	
194	C	gr.3; 4<; gr. 6; kl. 7; gr.9	
195	C	gr.3; 4<; gr. 6; kl. 7; gr.9	
196	C	gr.3; 4<; gr. 6; kl. 7; gr.9	
197	C	gr.3; 4<; gr. 6; kl. 7; gr.9	
198	C	gr.3; 4<; gr. 6; kl. 7; gr.9	
199	C	gr.3; 4<; gr. 6; kl. 7; gr.9	
200	C	gr.3; 4<; gr. 6; kl. 7; gr.9	
201	C	gr.3; 4<; gr. 6; kl. 7; gr.9	
202	As	gr.3; 4<; gr. 6; kl. 7; gr.9	
203	As	gr.3; 4<; gr. 6; kl. 7; gr.9	

Takt	Grundton	Weitere Akkordtöne	Besonderheiten
204	As	gr.3; 4<; gr. 6; kl. 7; gr.9	
205	As	gr.3; 4<; gr. 6; kl. 7; gr.9	
206	As	gr.3; 4<; gr. 6; kl. 7; gr.9	
207	As	gr.3; 4<; gr. 6; kl. 7; gr.9	
208	As	gr.3; 4<; gr. 6; kl. 7; gr.9	
209	As	gr.3; 4<; gr. 6; kl. 7; gr.9	
210	As	gr.3; 4<; gr. 6; kl. 7; gr.9	
211	As	gr.3; 4<; gr. 6; kl. 7; gr.9	
212	F	gr.3; 4<; gr. 6; kl. 7; gr.9	
213	F	gr.3; 4<; gr. 6; kl. 7; gr.9	
214	F	gr.3; 4<; gr. 6; kl. 7; gr.9	
215	D	gr.3; 4<; gr. 6; kl. 7; gr./kl.9	
216	F	gr.3; 4<; gr. 6; kl. 7; gr.9	
217	D	gr.3; 4<; gr. 6; kl. 7; gr.9	
218	H	gr.3; 4<; gr. 6; kl. 7; gr.9	
219	Es	gr.3; 4<; gr. 6; kl. 7; gr./kl.9	
220	Ges	gr.3; 4<; gr. 6; kl. 7; gr.9	
221	Es	gr.3; 4<; gr. 6; kl. 7; gr./kl.9	
222	Fis	gr.3; 5>; gr. 6; kl. 7; gr.9	
223	A	gr.3; 4<; gr. 6; kl. 7; gr.9	
224	A	gr.3; 4<; gr. 6; kl. 7; gr.9	
225	Fis	gr.3; 4<; gr. 6; kl. 7; gr.9	
226	Fis	gr.3; 4<; gr. 6; kl. 7; gr.9	
227	A	gr.3; 4<; gr. 6; kl. 7; gr.9	
228	A	gr.3; 4<; gr. 6; kl. 7; gr.9	
229	F	gr.3; 4<; gr. 6; kl. 7; gr.9	
230	F	gr.3; 4<; gr. 6; kl. 7; gr.9	
231	F	gr.3; 4<; gr. 6; kl. 7; gr.9	
232	H	gr.3; 4<; gr. 6; kl. 7; gr.9	
233	F	gr.3; 4<; gr. 6; kl. 7; gr.9	
234	F	gr.3; 4<; gr. 6; kl. 7; gr.9	
235	F	gr.3; 4<; gr. 6; kl. 7; gr.9	
236	F	gr.3; 4<; gr. 6; kl. 7; gr.9	
237	F	gr.3; 4<; gr. 6; kl. 7; gr.9	
238	H	gr.3; 4<; gr. 6; kl. 7; gr.9	
239	As	gr.3; 4<; gr. 6; kl. 7; gr.9	
240	As	gr.3; 4<; gr. 6; kl. 7; gr.9	
241	Des	gr.3; 4<; gr. 6; kl. 7; gr.9	
242	Des	gr.3; 4<; gr. 6; kl. 7; gr.9	
243	B	gr.3; 4<; gr. 6; kl. 7; gr.9	
244	B	gr.3; 4<; gr. 6; kl. 7; gr.9	

Takt	Grundton	Weitere Akkordtöne	Besonderheiten
245	Des	gr.3; 4<; gr. 6; kl. 7; gr.9	
246	Des	gr.3; 4<; gr. 6; kl. 7; gr.9	
247	B	gr.3; 4<; gr. 6; kl. 7; gr.9	
248	B	gr.3; 4<; gr. 6; kl. 7; gr.9	
249	B	gr.3; 4<; gr. 6; kl. 7; gr.9	
250	E	gr.3; 4<; gr. 6; kl. 7; gr.9	
251	B	gr.3; 4<; gr. 6; kl. 7; gr.9	
252	B	gr.3; 4<; gr. 6; kl. 7; gr.9	
253	B	gr.3; 4<; gr. 6; kl. 7; gr.9	
254	B	gr.3; 4<; gr. 6; kl. 7; gr.9	
255	B	gr.3; 4<; gr. 6; kl. 7; gr.9	
256	E	gr.3; 4<; gr. 6; kl. 7; gr.9	
257	Des	gr.3; 4<; gr. 6; kl. 7; gr.9	
258	Des	gr.3; 4<; gr. 6; kl. 7; gr.9	
259	Ges	gr.3; 4<; gr. 6; kl. 7; gr.9	
260	Ges	gr.3; 4<; gr. 6; kl. 7; gr.9	
261	A	gr.3; 4<; gr. 6; kl. 7; gr.9	
262	A	gr.3; 4<; gr. 6; kl. 7; gr.9	
263	Es	gr.3; 4<; gr. 6; kl. 7; gr.9	
264	B	gr.3; 4<; gr. 6; kl. 7; gr.9	
265	B	gr.3; 4<; gr. 6; kl. 7; gr./kl.9	
266	B	gr.3; 4<; gr. 6; kl. 7; gr.9	
267	Fes	gr.3; 4<; gr. 6; kl. 7; gr.9	komplizierte Orthographie infolge Grundton „Fes“
268	Des	gr.3; 4<; gr. 6; kl. 7; gr.9	
269	F	gr.3; 4<; gr. 6; kl. 7; gr.9	
270	D	gr.3; 4<; gr. 6; kl. 7; gr./kl.9	
271	Ges	gr.3; 4<; gr. 6; kl. 7; gr.9	
272	Es	gr.3; 4<; gr. 6; kl. 7; gr./kl.9	
273	Es	gr.3; 4<; gr. 6; kl. 7; gr./kl.9	
274	Ges	gr.3; 4<; gr. 6; kl. 7; gr.9	
275	Ges	gr.3; 4<; gr. 6; kl. 7; gr.9	
276	Es	gr.3; 4<; gr. 6; kl. 7; gr.9	
277	G	gr.3; 4<; gr. 6; gr. 7; gr.9	
278	G	gr.3; 4<; gr. 6; kl. 7; gr.9	
279	G	gr.3; 4<; gr. 6; kl. 7; gr.9	
280	G	gr.3; 4<; gr. 6; kl. 7; gr.9	
281	E	gr.3; 4<; gr. 6; kl. 7; gr.9	
282	E	gr.3; 4<; gr. 6; kl. 7; gr.9	

Takt	Grundton	Weitere Akkordtöne	Besonderheiten
283	E	gr.3; 4<; gr. 6; kl. 7; gr.9	
284	E	gr.3; 4<; gr. 6; kl. 7; gr.9	
285	E	gr.3; 4<; gr. 6; kl. 7; gr.9	Beginn des Orgelpunktes auf „a", als Vorwegnahme des Taktes 293, Orgelpunkt bis Takt 311
286	E	gr.3; 4<; gr. 6; kl. 7; gr.9	
287	E	gr.3; 4<; gr. 6; kl. 7; gr.9	
288	E	gr.3; 4<; gr. 6; kl. 7; gr.9	
289	E	gr.3; 4<; gr. 6; kl. 7; gr.9	
290	E	gr.3; 4<; gr. 6; kl. 7; gr.9	
291	E	gr.3; 4<; gr. 6; kl. 7; gr.9	
292	E	gr.3; 4<; gr. 6; kl. 7; gr.9	
293	A	gr.3; 4<; gr. 6; kl. 7; gr.9	
294	A	gr.3; 4<; gr. 6; kl. 7; gr.9	
295	A	gr.3; 4<; gr. 6; kl. 7; gr.9	
296	A	gr.3; 4<; gr. 6; kl. 7; gr.9	
297	A	gr.3; 4<; gr. 6; kl. 7; gr.9	
298	A	gr.3; 4<; gr. 6; kl. 7; gr.9	
299	A	gr.3; 4<; gr. 6; kl. 7; gr.9	
300	A	gr.3; 4<; gr. 6; kl. 7; gr.9	
301	A	gr.3; 4<; gr. 6; kl. 7; gr.9	
302	A	gr.3; 4<; gr. 6; kl. 7; gr.9	
303	A	gr.3; 4<; gr. 6; kl. 7; gr.9	
304	Des		
Dreiteilung der „Luce"-Stimme: Des, F, A:			
305	Des, F, A	gr.3; 4<; gr. 6; kl. 7; gr.9	3. Modus im Klavier durch Überlagerung dreier „Skrjabin-Akkorde" auf einem Großterzzirkel, einzige „dreistimmige" Stelle in der „Luce"- Stimme

Takt	Grundton	Weitere Akkordtöne	Besonderheiten
306	Des, F, A	gr.3; 4<; gr. 6; kl. 7; gr.9	chrom Durchg. in den Streichern
307	Des, F, A	gr.3; 4<; gr. 6; kl. 7; gr.9	
308	Des, F, A	gr.3; 4<; gr. 6; kl. 7; gr.9	

Neues Zentrum, nach „Luce“- Stimme „D“:

Takt	Grundton	Weitere Akkordtöne	Besonderheiten
309	D	gr.3; 4<; gr. 6; kl. 7; gr./kl.9	
310	F	gr.3; 4<; gr. 6; kl. 7; gr.9	
311	D	gr.3; 4<; gr. 6; kl. 7; gr.9	Ende des Orgelpunktes „a“
312	D	gr.3; 4<; gr. 6; kl. 7; gr.9	
313	Es	gr.3; 4<; gr. 6; kl. 7; gr.9	
314	Ges	gr.3; 4<; gr. 6; kl. 7; gr.9	
315	Es	gr.3; 4<; gr. 6; kl. 7; gr./kl.9	
316	C	gr.3; 4<; gr. 6; kl. 7; gr.9	
317	A	gr.3; 4<; gr. 6; kl. 7; gr.9	
318	Es	gr.3; 4<; gr. 6; kl. 7; gr.9	
319	A	gr.3; 4<; gr. 6; kl. 7; gr.9	
320	Es	gr.3; 4<; gr. 6; kl. 7; gr.9	
321	A	gr.3; 4<; gr. 6; kl. 7; gr.9	
322	A	gr.3; 4<; gr. 6; kl. 7; gr.9	
323	A	gr.3; kl. 7	
323	C	gr.3; 4<; kl. 7	
323	A	gr.3; kl. 7	
323	C	gr.3; 5<; kl. 7	
324	A	gr.3; kl. 6; kl. 7	
324	C	gr.3; 4<; kl. 7	
324	A	gr.3; 4<; gr. 6; kl. 7; gr.9	
325	Fis	gr.3; 4<; gr. 6; kl. 7; gr.9	
326	C	gr.3; 4<; gr. 6; kl. 7; gr.9	
327	A	gr.3; 4<; gr. 6; kl. 7; gr.9	
328	A	gr.3; 4<; gr. 6; kl. 7; gr.9	
328	Es	gr.3; 4<; gr. 6; kl. 7; gr.9	Orthographie wegen horizontaler Lesbarkeit verändert
328	A	gr.3; 4<; gr. 6; kl. 7; gr.9	
329	H	gr.3; 4<; gr. 6; kl. 7; gr.9	mit 5
330	H	gr.3; 4<; gr. 6; kl. 7; gr.9	
331	H	gr.3; 4<; gr. 6; kl. 7; gr.9	
332	H	gr.3; 4<; gr. 6; kl. 7; gr.9	

Takt	Grundton	Weitere Akkordtöne	Besonderheiten
333	H	gr.3; 4<; gr. 6; kl. 7; gr.9	
334	F	gr.3; 4<; gr. 6; kl. 7; gr.9	
335	D	gr.3; 4<; gr. 6; kl. 7; gr.9	
336	D	gr.3; 4<; gr. 6; kl. 7; gr.9	
337	E	gr.3; 4<; gr. 6; kl. 7; gr.9	mit 5
338	E	gr.3; 4<; gr. 6; kl. 7; gr.9	
339	E	gr.3; 4<; gr. 6; kl. 7; gr.9	
340	E	gr.3; 4<; gr. 6; kl. 7; gr.9	
341	E	gr.3; 4<; gr. 6; kl. 7; gr.9	
342	B	gr.3; 4<; gr. 6; kl. 7; gr.9	
343	Ges	gr.3; 4<; gr. 6; kl. 7; gr.9	
344	C	gr.3; 4<; gr. 6; kl. 7; gr.9	
345	Es	gr.3; 4<; gr. 6; kl. 7; kl.9	
346	Es	gr.3; 4<; gr. 6; kl. 7; gr.9	
347	Es	gr.3; 4<; gr. 6; kl. 7; gr.9	
348	Es	gr.3; 4<; gr. 6; kl. 7; gr.9	
349	Es	gr.3; 4<; gr. 6; kl. 7; gr.9	
350	Es	gr.3; 4<; gr. 6; kl. 7; gr.9	
351	Ges	gr.3; 4<; gr. 6; kl. 7; gr.9	
352	C	gr.3; 4<; gr. 6; kl. 7; gr.9	
353	As	gr.3; 4<; gr. 6; kl. 7; gr.9	
354	D	gr.3; 4<; gr. 6; kl. 7; gr.9	
355	F	gr.3; 4<; gr. 6; kl. 7; gr.9	8< - 9
356	F	gr.3; 4<; gr. 6; kl. 7; gr.9	
357	F	gr.3; 4<; gr. 6; kl. 7; gr.9	
358	F	gr.3; 4<; gr. 6; kl. 7; gr.9	
359	F	gr.3; 4<; gr. 6; kl. 7; gr.9	
360	F	gr.3; 4<; gr. 6; kl. 7; gr.9	
361	As	gr.3; 4<; gr. 6; kl. 7; gr.9	8< - 9
362	As	gr.3; 4<; gr. 6; kl. 7; gr.9	
363	As	gr.3; 4<; gr. 6; kl. 7; gr.9	
364	F	gr.3; 4<; gr. 6; kl. 7; gr.9	
365	As	gr.3; 4<; gr. 6; kl. 7; gr.9	
366	As	gr.3; 4<; gr. 6; kl. 7; gr.9	
367	F	gr.3; 4<; gr. 6; kl. 7; gr.9	chrom. Durchg.
368	F	gr.3; 4<; gr. 6; kl. 7; gr.9	
369	F	gr.3; 4<; gr. 6; kl. 7; gr.9	
370	F	gr.3; 4<; gr. 6; kl. 7; gr.9	
371	D	gr.3; gr. 6; kl. 7	
371	F	gr.3; 4<; kl. 7	
372	D	gr.3; 4<; gr. 6; kl. 7; gr.9	8< - 9

Takt	Grundton	Weitere Akkordtöne	Besonderheiten
373	D	gr.3; 4<; gr. 6; kl. 7; gr.9	
374	D	gr.3; 4<; gr. 6; kl. 7; gr.9	
375	D	gr.3; 4<; gr. 6; kl. 7; gr.9	
376	D	gr.3; 4<; gr. 6; kl. 7; gr.9	
377	H	gr.3; 4<; gr. 6; kl. 7; gr.9	
378	H	gr.3; 4<; gr. 6; kl. 7; gr.9	
379	H	gr.3; 4<; gr. 6; kl. 7; kl.9	
380	H	gr.3; 4<; gr. 6; kl. 7; gr.9	8< - 9
381	H	gr.3; 4<; gr. 6; kl. 7; gr.9	
382	H	gr.3; 4<; gr. 6; kl. 7; gr.9	
383	H	gr.3; 4<; gr. 6; kl. 7; gr.9	
384	H	gr.3; 4<; gr. 6; kl. 7; gr.9	
385	As	gr.3; 4<; gr. 6; kl. 7; gr.9	mit 5
386	As	gr.3; 4<; gr. 6; kl. 7; gr.9	
387	As	gr.3; 4<; gr. 6; kl. 7; gr.9	
388	As	gr.3; 4<; gr. 6; kl. 7; gr.9	
389	D	gr.3; 4<; gr. 6; kl. 7; gr.9	
390	As	gr.3; 4<; gr. 6; kl. 7; gr.9	
391	F	4<; kl. 7	
391	D	gr.3; 4<; kl. 7	
392	H	4<; kl. 7; gr.9	
392	As	gr.3; 4<; kl. 7	7, wegen der horizontalen Lesbarkeit als überm. 6 notiert
392	F	gr.3; 4<; kl. 7	7 als überm. 6
393	D	gr.3; 4<; gr. 6; kl. 7; gr.9	
394	D	gr.3; 4<; gr. 6; kl. 7; gr.9	
395	D	gr.3; 4<; gr. 6; kl. 7; gr.9	
396	D	gr.3; 4<; gr. 6; kl. 7; gr.9	
397	D	gr.3; 4<; gr. 6; kl. 7; gr.9	
398	As	gr.3; 4<; gr. 6; kl. 7; gr.9	
399	D	gr.3; 4<; gr. 6; kl. 7; gr.9	
400	As	gr.3; 4<; gr. 6; kl. 7; gr.9	
401	D	gr.3; 4<; gr. 6; kl. 7; gr.9	
402	As	gr.3; 4<; gr. 6; kl. 7; gr.9	
403	As	gr.3; 4<; gr. 6; kl. 7; gr.9	
404	As	gr.3; 4<; gr. 6; kl. 7; gr.9	
405	As	gr.3; 4<; gr. 6; kl. 7; gr.9	
405	F	4<; kl. 7	
405	D	gr.3; 4<; kl. 7	

Takt	Grundton	Weitere Akkordtöne	Besonderheiten
406	H	4<; kl. 7; gr.9	
406	As	gr.3; 4<; kl. 7	7 als überm. 6
406	F	gr.3; 4<; kl. 7	7 als überm. 6
407	D	gr.3; 4<; gr. 6; kl. 7; gr.9	
408	G	gr./kl.3; 4<; gr./kl.6 6; kl. 7; gr.9	

Neues Zentrum, nach „Luce"- Stimme „E":

Takt	Grundton	Weitere Akkordtöne	Besonderheiten
409	E	gr.3; 4<; gr. 6; kl. 7; gr.9	
410	B	gr.3; 4<; gr. 6; kl. 7; gr.9	
411	E	gr.3; 4<; gr. 6; kl. 7; gr.9	
412	A	gr.3; 4<; gr. 6; kl. 7; gr.9	
413	Fis	gr.3; 4<; gr. 6; kl. 7; gr.9	
414	C	gr.3; 4<; gr. 6; kl. 7; gr.9	
414	Fis	gr.3; 4<; kl. 6; kl. 7	Orthographie der 3 wegen Lesbarkeit angepaßt
414	A	gr.3; 4<; gr. 6; kl. 7	
415	Fis	gr.3; 4<; gr. 6; kl. 7; gr.9	
415	Es	4<; gr. 6; kl. 7; gr.9	
416	G	gr.3; 4<; gr. 6; kl. 7; gr.9	
416	Fis	gr.3; 4<; gr. 6; kl. 7; gr.9	
416	A	gr.3; 4<; gr. 6; kl. 7; gr.9	
417	B	gr.3; 4<; gr. 6; kl. 7; gr.9	
416	G	4<; gr. 6; kl. 7; gr.9	
418	H	gr.3; 4<; gr. 6; kl. 7; gr.9	
418	B	gr.3; 4<; gr. 6; kl. 7; gr.9	
418	Des	gr.3; 4<; gr. 6; kl. 7; gr.9	
419	A	gr.3; 4<; gr. 6; kl. 7; gr.9	
420	D	gr.3; 4<; gr. 6; kl. 7; gr.9	
421	H	gr.3; 4<; gr. 6; kl. 7; gr.9	
422	F	gr.3; 4<; gr. 6; kl. 7; gr.9	
423	H	gr.3; 4<; gr. 6; kl. 7; gr.9	
424	E	gr.3; 4<; gr. 6; kl. 7; gr.9	
425	Des	gr.3; 4<; gr. 6; kl. 7; gr.9	
426	G	gr.3; 4<; gr. 6; kl. 7; kl.9	
426	E	gr.3; 4<; gr. 6; kl. 7; gr.9	mit 5; im Fg.: „eses" notiert, wegen horizontaler Logik wie in Takt 424/425,

Kontrabaß hat die harmonisch korrekt notierte Form „d"; Druckfehler im Klavier rechte Hand nicht „g", sondern „gis", wie im III. Horn.

Takt	Grundton	Weitere Akkordtöne	Besonderheiten
427	Des	4<; kl. 7; gr.9	
427	B	4<; gr. 6; kl. 7; gr.9	
428	D	gr.3; 4<; gr. 6; kl. 7; gr.9	
428	Des	gr.3; 4<; gr. 6; kl. 7; gr.9	
428	E	gr.3; 4<; gr. 6; kl. 7; gr.9	
429	F	gr.3; 4<; gr. 6; kl. 7; gr.9	
429	D	4<; gr. 6; kl. 7; gr.9	
430	Fis	gr.3; 4<; gr. 6; kl. 7; gr.9	
430	F	gr.3; 4<; gr. 6; kl. 7; gr.9	
430	As	gr.3; 4<; gr. 6; kl. 7; gr.9	
431	A	gr.3; 4<; gr. 6; kl. 7; gr.9	
431	Fis	4<; gr. 6; kl. 7; gr.9	
432	B	gr.3; 4<; gr. 6; kl. 7; gr.9	
432	A	gr.3; 4<; gr. 6; kl. 7; gr.9	
432	C	gr.3; 4<; gr. 6; kl. 7; gr.9	
433	Des	gr.3; 4<; gr. 6; kl. 7; gr.9	
433	C	gr.3; 4<; gr. 6; kl. 7; gr.9	
433	Es	gr.3; 4<; gr. 6; kl. 7; gr.9	
434	E	gr.3; 4<; gr. 6; kl. 7; gr.9	
434	G	gr.3; 4<; gr. 6; kl. 7; gr.9	
434	B	gr.3; 4<; gr. 6; kl. 7; gr.9	
435	Des	gr.3; 4<; gr. 6; kl. 7; gr.9	
435	G	gr.3; 4<; gr. 6; kl. 7; gr.9	
435	Des	gr.3; 4<; gr. 6; kl. 7; gr.9	
436	G	gr.3; 4<; gr. 6; kl. 7; gr.9	
436	Des	gr.3; 4<; gr. 6; kl. 7; gr.9	
436	G	gr.3; 4<; gr. 6; kl. 7; gr.9	
437	Des	gr.3; 4<; gr. 6; kl. 7; gr.9	
437	G	gr.3; 4<; gr. 6; kl. 7; gr.9	
437	Des	gr.3; 4<; gr. 6; kl. 7; gr.9	
438	G	gr.3; 4<; gr. 6; kl. 7; gr.9	

Takt	Grundton	Weitere Akkordtöne	Besonderheiten
438	Des	gr.3; 4<; gr. 6; kl. 7; gr.9	
438	G	gr.3; 4<; gr. 6; kl. 7; gr.9	
439	Des	gr.3; 4<; gr. 6; kl. 7; gr.9	
440	Des	gr.3; 4<; gr. 6; kl. 7; gr.9	
441	A	gr.3; 4<; gr. 6; kl. 7; gr.9	
442	A	gr.3; 4<; gr. 6; kl. 7; gr.9	
443	A	gr.3; 4<; gr. 6; kl. 7; gr.9	
444	A	gr.3; 4<; gr. 6; kl. 7; gr.9	
445	Es	gr.3; 4<; gr. 6; kl. 7; gr.9	
446	Es	gr.3; 4<; gr. 6; kl. 7; gr.9	
447	Es	gr.3; 4<; gr. 6; kl. 7; gr.9	
448	Es	gr.3; 4<; gr. 6; kl. 7; gr.9	
449	Es	gr.3; 4<; gr. 6; kl. 7; gr.9	
450	Es	gr.3; 4<; gr. 6; kl. 7; gr.9	
451	Ges	gr.3; 4<; gr. 6; kl. 7; gr.9	mit 5
452	A	gr.3; 4<; gr. 6; kl. 7; gr.9	chrom. Durchg.
453	Fes	gr.3; 4<; gr. 6; kl. 7; gr.9	
454	Es	gr.3; 4<; gr. 6; kl. 7; gr.9	
455	G	gr.3; 4<; gr. 6; kl. 7; gr./kl.9	
456	B	gr.3; 4<; gr. 6; kl. 7; gr.9	
457	G	gr.3; 4<; gr. 6; kl. 7; gr.9	
458	E	gr.3; 4<; gr. 6; kl. 7; gr.9	

Neues Zentrum, nach „Luce"- Stimme „Des":

Takt	Grundton	Weitere Akkordtöne
459	Des	gr.3; 4<; gr. 6; kl. 7; gr.9
460	Des	gr.3; 4<; gr. 6; kl. 7; gr.9
461	Des	gr.3; 4<; gr. 6; kl. 7; gr.9
462	Des	gr.3; 4<; gr. 6; kl. 7; gr.9
463	Des	gr.3; 4<; gr. 6; kl. 7; gr.9
464	Des	gr.3; 4<; gr. 6; kl. 7; gr.9
465	Des	gr.3; 4<; gr. 6; kl. 7; gr.9
466	Des	gr.3; 4<; gr. 6; kl. 7; gr.9
467	Des	gr.3; 4<; gr. 6; kl. 7; gr.9

Neues Zentrum, nach „Luce"- Stimme „Fis":

Takt	Grundton	Weitere Akkordtöne
468	B	gr.3; 4<; gr. 6; kl. 7; gr.9
469	B	gr.3; 4<; gr. 6; kl. 7; gr.9
470	B	gr.3; 4<; gr. 6; kl. 7; gr.9
471	E	gr.3; 4<; gr. 6; kl. 7; gr.9

Takt	Grundton	Weitere Akkordtöne	Besonderheiten
472	E	gr.3; 4<; gr. 6; kl. 7; gr./kl.9	
473	E	gr.3; 4<; gr. 6; kl. 7; gr.9	
474	Des	gr.3; 4<; gr. 6; kl. 7; gr.9	
475	Des	gr.3; 4<; gr. 6; kl. 7; gr.9	
476	Des	gr.3; 4<; gr. 6; kl. 7; gr.9	
477	Des	gr.3; 4<; gr. 6; kl. 7; gr.9	
478	Des	gr.3; 4<; gr. 6; kl. 7; gr.9	
479	Des	gr.3; 4<; gr. 6; kl. 7; gr.9	
480	Es	gr.3; 4<; gr. 6; kl. 7; gr./kl.9	
481	Es	gr.3; 4<; gr. 6; kl. 7; gr.9	
482	Es	gr.3; 4<; gr. 6; kl. 7; gr.9	
483	A	gr.3; 4<; gr. 6; kl. 7; gr.9	
484	A	gr.3; 4<; gr. 6; kl. 7; gr.9	
485	A	gr.3; 4<; gr. 6; kl. 7; gr.9	
486	Ges	gr.3; 4<; gr. 6; kl. 7; gr.9	
487	Ges	gr.3; 4<; gr. 6; kl. 7; gr.9	
488	Ges	gr.3; 4<; gr. 6; kl. 7; gr.9	
489	Ges	gr.3; 4<; gr. 6; kl. 7; gr.9	
490	Ges	gr.3; 4<; gr. 6; kl. 7; gr.9	enharmonische Umdeutung des Tones „ges" nach „fis" nur in der Viol. I, nicht in den anderen Instrumenten, um zwei Takte später nach D überzuleiten
491	Ges	gr.3; 4<; gr. 6; kl. 7; gr.9	
492	D	gr.3; 4<; gr. 6; kl. 7; gr.9	
493	D	gr.3; 4<; gr. 6; kl. 7; gr.9	
494	D	gr.3; 4<; gr. 6; kl. 7; gr.9	
495	D	gr.3; 4<; gr. 6; kl. 7; gr.9	
496	D	gr.3; 4<; gr. 6; kl. 7; gr.9	
497	D	gr.3; 4<; gr. 6; kl. 7; gr.9	
498	D	gr.3; 4<; gr. 6; kl. 7; gr.9	im Folgenden mit Unterquintierung
499	D	gr.3; 4<; gr. 6; kl. 7; gr.9	
500	D	gr.3; 4<; gr. 6; kl. 7; gr.9	

Takt	Grundton	Weitere Akkordtöne	Besonderheiten
501	D	gr.3; 4<; gr. 6; kl. 7; gr.9	
502	D	gr.3; 4<; gr. 6; kl. 7; gr.9	
503	D	gr.3; 4<; gr. 6; kl. 7; gr.9	
504	Cis	gr.3; 4<; gr. 6; kl. 7; gr.9	
505	Cis	gr.3; 4<; gr. 6; kl. 7; gr.9	
506	Cis	gr.3; 4<; gr. 6; kl. 7; gr.9	mit Unterquintierung
507	Cis	gr.3; 4<; gr. 6; kl. 7; gr.9	mit Unterquinte
508	Des	gr.3; gr. 6; kl. 7	
509	Des	gr.3; 4<; gr. 6; kl. 7	
510	Cis	gr.3; 4<; gr. 6; kl. 7; gr.9	mit Unterquinte
511	Cis	gr.3; 4<; gr. 6; kl. 7; gr.9	
512	Cis	gr.3; 4<; gr. 6; kl. 7; gr.9	
513	Cis	gr.3; 4<; gr. 6; kl. 7; gr.9	mit Unterquinte
514	Cis	gr.3; 4<; gr. 6; kl. 7; gr.9	mit Unterquinte
515	Cis	gr.3; 4<; gr. 6; kl. 7; gr.9	
516	D	gr.3; 5>; gr. 6; kl. 7; gr.9	
517	D	gr.3; gr. 6; kl. 7; gr.9	
517	As	gr.3; 4<; gr. 6; kl. 7; gr.9	
518	D	gr.3; 5>; gr. 6; kl. 7; gr.9	chrom. Durchg. im Klavier
519	D	gr.3; kl. 6; kl. 7	
520	D	gr.3; 4<; gr. 6; kl. 7; gr.9	
521	D	gr.3; 4<; gr. 6; kl. 7; gr.9	
522	Cis	gr.3; 4<; gr. 6; kl. 7; gr.9	unterquintiert
523	Cis	gr.3; 4<; gr. 6; kl. 7; gr.9	
524	Cis	gr.3; 4<; gr. 6; kl. 7; gr.9	
525	Cis	gr.3; 4<; gr. 6; kl. 7; gr.9	
526	Cis	gr.3; 4<; gr. 6; kl. 7; gr.9	
526	B	4<; kl. 7; gr.9	
527	D	gr.3; 4<; gr. 6; kl. 7; gr.9	
528	Cis	gr.3; 4<; gr. 6; kl. 7; gr.9	
528	E	gr.3; 4<; gr. 6; kl. 7; gr.9	
529	F	gr.3; 4<; gr. 6; kl. 7; gr.9	
529	As	gr.3; 4<; gr. 6; kl. 7; gr.9	
530	Cis	gr.3; 4<; gr. 6; kl. 7; gr.9	
531	Cis	gr.3; 4<; gr. 6; kl. 7; gr.9	
531	G	gr.3; 4<; gr. 6; kl. 7; gr.9	
532	Cis	gr.3; 4<; gr. 6; kl. 7; gr.9	unterquintiert
533	Cis	gr.3; 4<; gr. 6; kl. 7; gr.9	
533	G	gr.3; 4<; gr. 6; kl. 7; gr.9	

Takt	Grundton	Weitere Akkordtöne	Besonderheiten
534	Cis	gr.3; 4<; gr. 6; kl. 7; gr.9	
534	B	4<; kl. 7; gr.9	
535	D	gr.3; 4<; gr. 6; kl. 7; gr.9	
536	Cis	gr.3; 4<; gr. 6; kl. 7; gr.9	
536	E	gr.3; 4<; gr. 6; kl. 7; gr.9	
537	F	gr.3; 4<; gr. 6; kl. 7; gr.9	Druckfehler in der „Luce"-Stimme, die Viertelnote muß nach dem Grundton f, nicht „fis" heißen. Vgl. auch Takt 540
537	D	4<; kl. 7; gr.9	
538	Es	4<; kl. 7; gr.9	
538	Ges	gr.3; 4<; gr. 6; kl. 7; gr.9	
539	G	gr.3; 4<; gr. 6; kl. 7; gr.9	
539	E	4<; kl. 7; gr.9	
540	F	4<; kl. 7; gr.9	
540	As	gr.3; 4<; gr. 6; kl. 7; gr.9	
541	H	gr.3; 4<; gr. 6; kl. 7; gr.9	
541	D	gr.3; 4<; gr. 6; kl. 7; gr.9	
542	Cis	gr.3; 4<; gr. 6; kl. 7; gr.9	unterquintiert durch Orgelpunkt auf „fis"
543	Cis	gr.3; 4<; gr. 6; kl. 7; gr.9	unterquintiert
544	D	gr.3; 4<; gr. 6; kl. 7; gr.9	
545	D	gr.3; 4<; gr. 6; kl. 7; gr.9	
546	D	gr.3; 4<; gr. 6; kl. 7; gr.9	
547	D	gr.3; 4<; gr. 6; kl. 7; gr.9	
548	D	gr.3; 4<; gr. 6; kl. 7; gr.9	
549	D	gr.3; 4<; gr. 6; kl. 7; gr.9	
550	Cis	gr.3; 4<; gr. 6; kl. 7; gr.9 (Orgelpunkt)	unterquintiert
551	Cis	gr.3; 4<; gr. 6; kl. 7; gr.9	Orgelp. unterbrochen
551	G	gr.3; 4<; gr. 6; kl. 7; gr.9	
552	Cis	gr.3; 4<; gr. 6; kl. 7; gr.9	unterquintiert, Orgelp. wieder-aufgenommen und hier beendet
553	Cis	gr.3; 4<; gr. 6; kl. 7; gr.9	
553	G	gr.3; 4<; gr. 6; kl. 7; gr.9	

Takt	Grundton	Weitere Akkordtöne	Besonderheiten
554	Cis	gr.3; 4<; gr. 6; kl. 7; gr.9	
554	B	gr.3; 4<; gr. 6; kl. 7; gr.9	
555	D	gr.3; 4<; gr. 6; kl. 7; gr.9	
556	Cis	gr.3; 4<; gr. 6; kl. 7; gr.9	
556	E	gr.3; 4<; gr. 6; kl. 7; gr.9	
557	F	gr.3; 4<; gr. 6; kl. 7; gr.9	
557	As	gr.3; 4<; gr. 6; kl. 7; gr.9	
558	B	gr.3; 4<; gr. 6; kl. 7; gr.9	
559	E	gr.3; 4<; gr. 6; kl. 7; gr.9	
560	Des	gr.3; 4<; gr. 6; kl. 7; gr.9	
561	Des	gr.3; 4<; gr. 6; kl. 7; gr.9	
562	Es	gr.3; 4<; gr. 6; kl. 7; gr.9	
563	A	gr.3; 4<; gr. 6; kl. 7; gr.9	
564	Fis	gr.3; 4<; gr. 6; kl. 7; gr.9	
565	Fis	gr.3; 4<; gr. 6; kl. 7; gr.9	
566	D	gr.3; 4<; gr. 6; kl. 7; gr.9	
567	B	gr.3; 4<; gr. 6; kl. 7; gr.9	
568	D	gr.3; 4<; gr. 6; kl. 7; gr.9	
569	D	gr.3; 4<; gr. 6; kl. 7; gr.9	
570	Cis	gr.3; 4<; gr. 6; kl. 7; gr.9	
571	Cis	gr.3; 4<; gr. 6; kl. 7; gr.9	
572	Ces	gr.3; 4<; gr. 6; kl. 7; gr.9	
573	Ces	gr.3; 4<; gr. 6; kl. 7; gr.9	
574	B	gr.3; 4<; gr. 6; kl. 7; gr.9	
574	E	gr.3; 4<; gr. 6; kl. 7; gr.9	mit 5
575	Des	gr.3; 4<; gr. 6; kl. 7; gr.9	
576	Es	gr.3; 4<; gr. 6; kl. 7; gr.9	
576	A	gr.3; 4<; gr. 6; kl. 7; gr.9	
577	Fis	gr.3; 4<; gr. 6; kl. 7; gr.9	
578	F	gr.3; 4<; gr. 6; kl. 7; gr.9	
579	E	gr.3; 4<; gr. 6; kl. 7; gr.9	
580	Es	gr.3; 4<; gr. 6; kl. 7; gr.9	
581	D	gr.3; 4<; gr. 6; kl. 7; gr.9	
581	B	gr.3; 4<; gr. 6; kl. 7; gr.9	
582	D	gr.3; 4<; gr. 6; kl. 7; gr.9	
583	Cis	gr.3; 4<; gr. 6; kl. 7; gr.9	
584	As	gr.3; 4<; gr. 6; kl. 7; gr.9	
585	D	gr.3; 4<; gr. 6; kl. 7; gr.9	
585	B	gr.3; 4<; gr. 6; kl. 7; gr.9	
586	D	gr.3; 4<; gr. 6; kl. 7; gr.9	
587	Cis	gr.3; 4<; gr. 6; kl. 7; gr.9	Druckfehler in der

„Luce"-Stimme: Es muß nach dem Grundton ein „cis" statt „c" heißen

Takt	Grundton	Weitere Akkordtöne	Besonderheiten
588	As	gr.3; 4<; gr. 6; kl. 7; gr.9	
589	Cis	gr.3; 4<; gr. 6; kl. 7; gr.9	
590	As	gr.3; 4<; gr. 6; kl. 7; gr.9	
591	As	gr.3; 4<; gr. 6; kl. 7; gr.9	
592	As	gr.3; 4<; gr. 6; kl. 7; gr.9	
593	As	gr.3; 4<; gr. 6; kl. 7; gr.9	
594	As	gr.3; 4<; gr. 6; kl. 7; gr.9	
595	As	gr.3; 4<; gr. 6; kl. 7; gr.9	
596	As	gr.3; 4<; gr. 6; kl. 7; gr.9	
597	As	gr.3; 4<; gr. 6; kl. 7; gr.9	
598	As	gr.3; 4<; gr. 6; kl. 7; gr.9	
599	As	gr.3; 4<; gr. 6; kl. 7; gr.9	
600	As	gr.3; 4<; gr. 6; kl. 7; gr.9	
601	As	gr.3; 4<; gr. 6; kl. 7; gr.9	
602	Fis	Dur	
603	Fis	Dur	
604	Fis	Dur	
605	Fis	Dur	
606	Fis	Dur	

Mit Hilfe dieser Grundtonliste werde ich das Problem der Klangfortschreitung weiter einzukreisen versuchen, indem ich die Akkordverbindungen genauer untersuche.
Für die Kategorisierung der Akkordverbindungen ist die Verwandtschaft benachbarter Harmonien, also das Intervall zwischen deren Grundtönen, entscheidend.
In diesem Werk gibt es insgesamt 370 Akkordverbindungen. Bei genauerer Betrachtung stellt sich heraus, daß es eine deutliche Bevorzugung einiger Intervalle gibt. Die 370 Akkordverbindungen verteilen sich wie folgt:.

Die Entfernung benachbarter Grundtöne und deren Häufigkeit:

Kl. Sek.	Gr. Sek.	Kl. Terz	Gr. Terz	Quart/Quint	Triton.
49	10	165	38	16	92

Man kann also feststellen, daß es eine deutliche Bevorzugung der Kleinterz- und der Tritonusverbindung gibt.
Auch mehrfache Kleinterz-Fortschreitungen nacheinander spielen eine Rolle. Die Takte 353 - 407 (über 50 Takte!) bewegen sich ausschließlich in einem Kleinterzzirkel. In diesem Zusammenhang ist die Tritonusverwandtschaft ebenso als Kleinterz-Verwandtschaft anzusehen, denn durch eine Tritonusfortschreitung bleibt man im selben Kleinterzzirkel, da ein Tritonus gleichbedeutend mit zwei kleinen Terzen ist.
Von den 370 Akkordverbindungen entfallen 257 auf Kleinterz- bzw. Tritonusverbindungen. Das sind fast 70 Prozent.
Es läßt sich deshalb feststellen, daß Kleinterzverbindungen bzw. Kleinterzzirkel in Skrjabins Tondenken im „Prometheus" eine zentrale Rolle spielen.
Um das Vorkommen dieser Kleinterzzirkel hervorzuheben, habe ich die oben aufgeführte Grundtonliste so dargestellt, daß die Kleinterzzirkel deutlich sichtbar werden. Die großflächigeren Grundtöne der „Luce"-Stimme habe ich fett hervorgehoben:

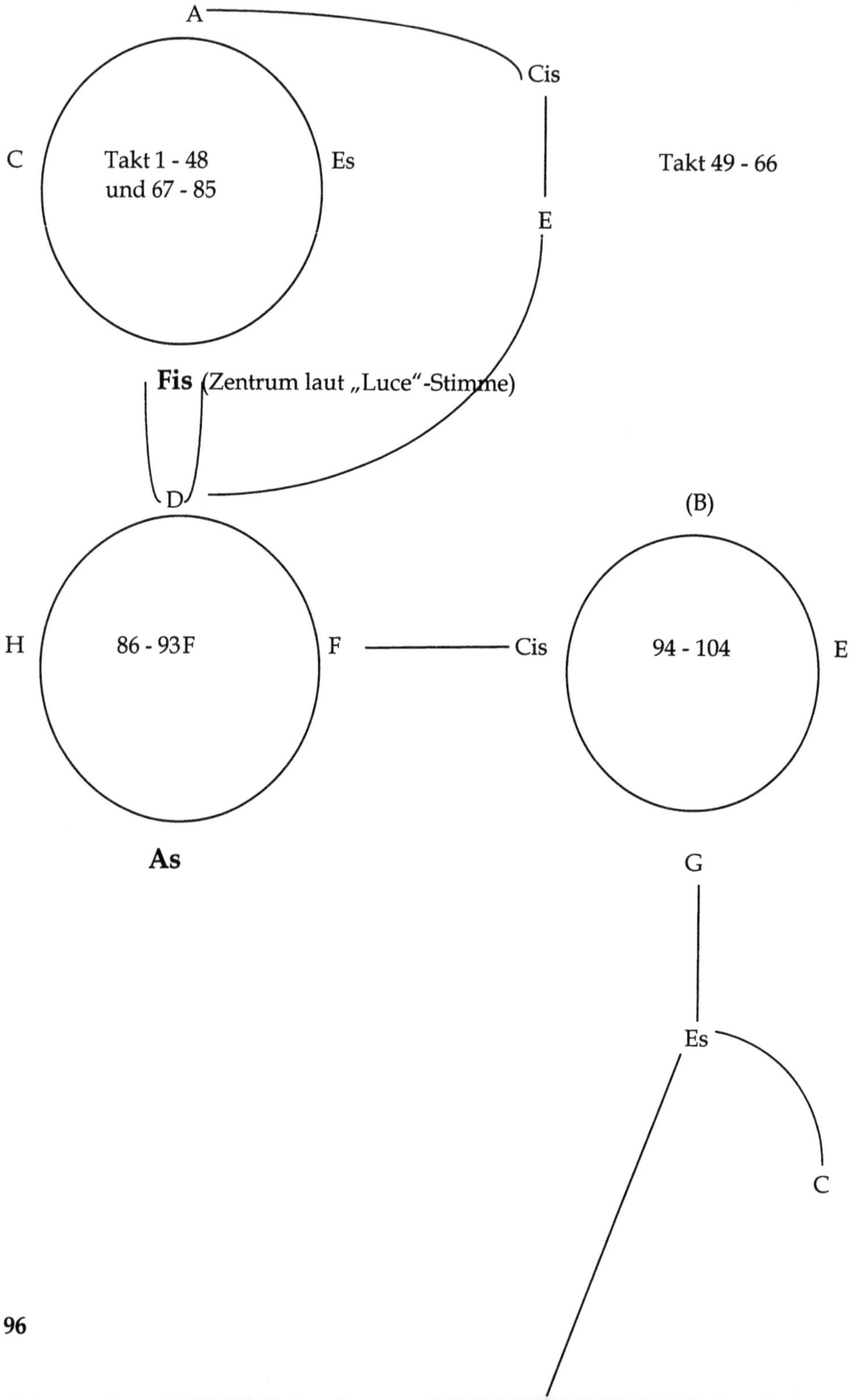
A
Cis
C
Takt 1 - 48
und 67 - 85
Es
Takt 49 - 66
E
Fis (Zentrum laut „Luce"-Stimme)
D
(B)
H
86 - 93F
F
Cis
94 - 104
E
As
G
Es
C

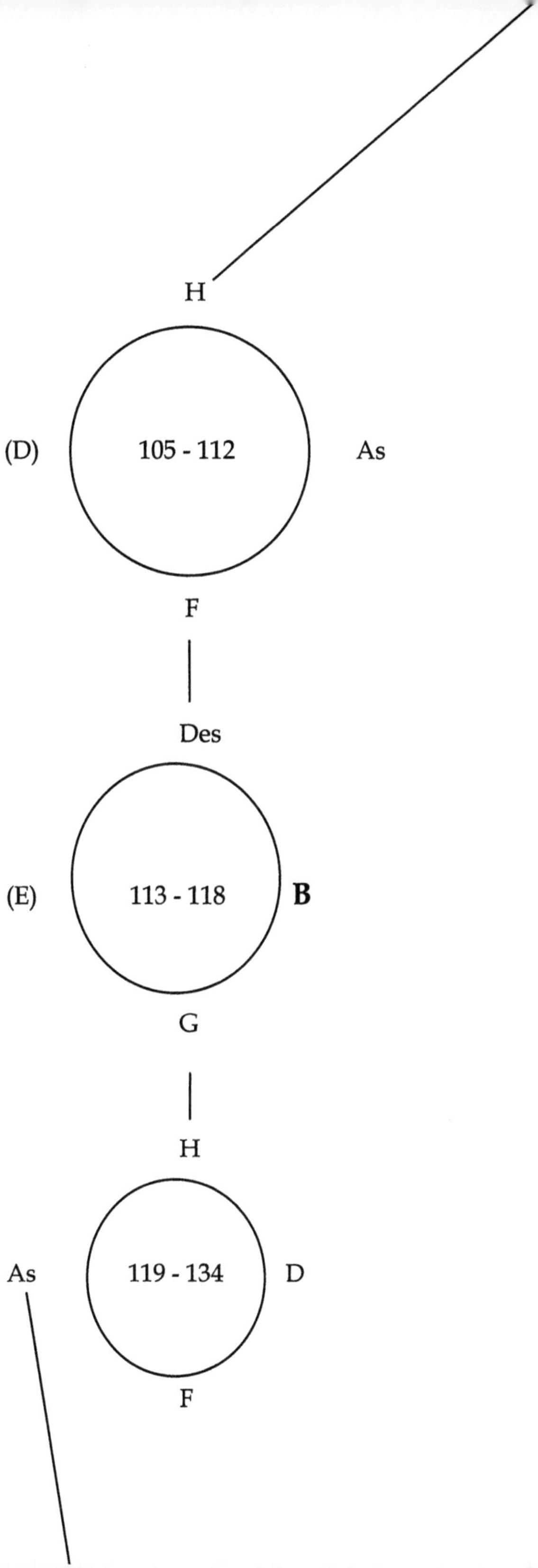
H
(D)
105 - 112
As
F
Des
(E)
113 - 118
B
G
H
As
119 - 134
D
F

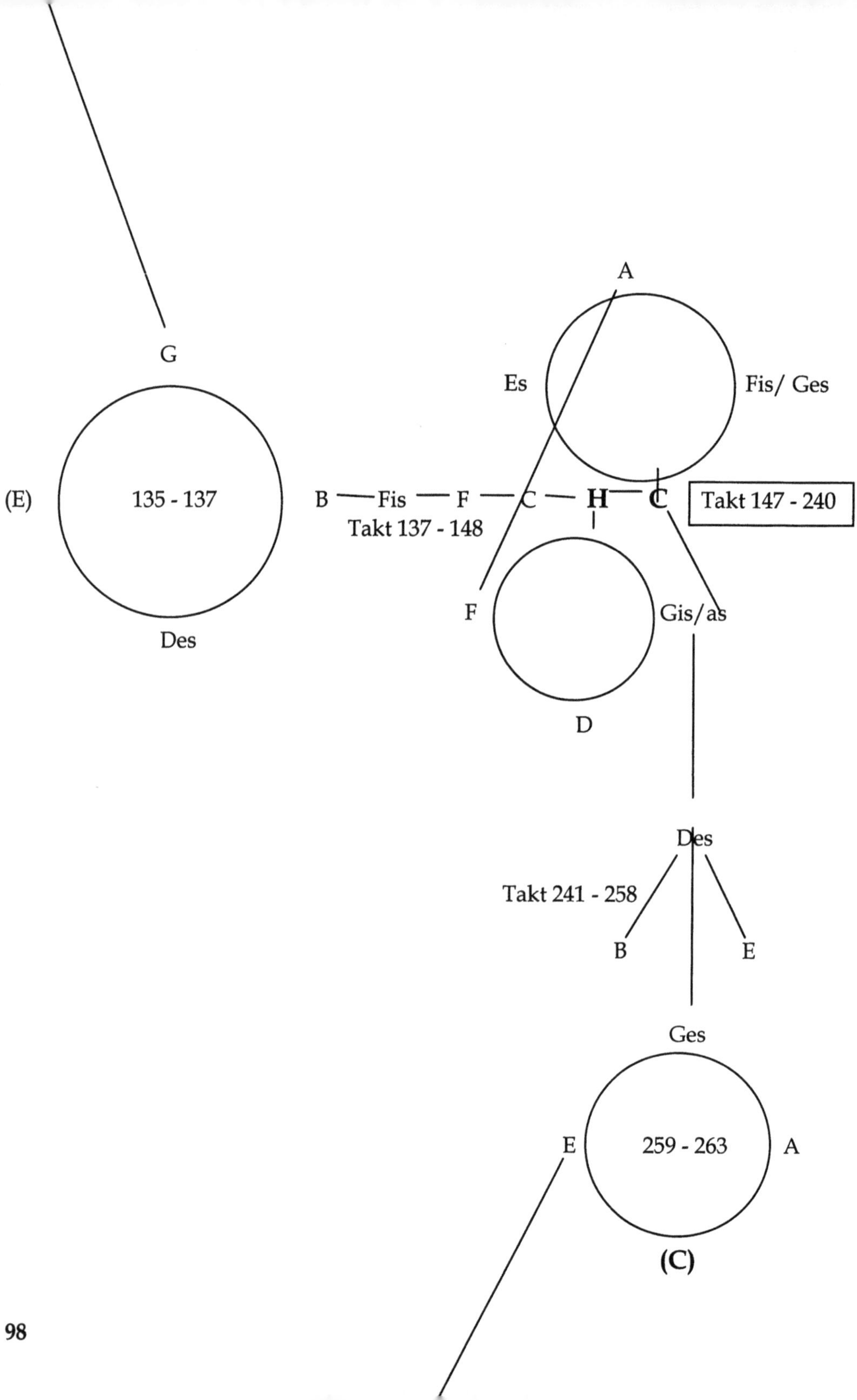
G
135 - 137
(E)
Des
B — Fis — F — C — H — C
Takt 137 - 148
Takt 147 - 240
A
Es
Fis/ Ges
F
Gis/as
D
Des
Takt 241 - 258
B
E
Ges
E
259 - 263
A
(C)

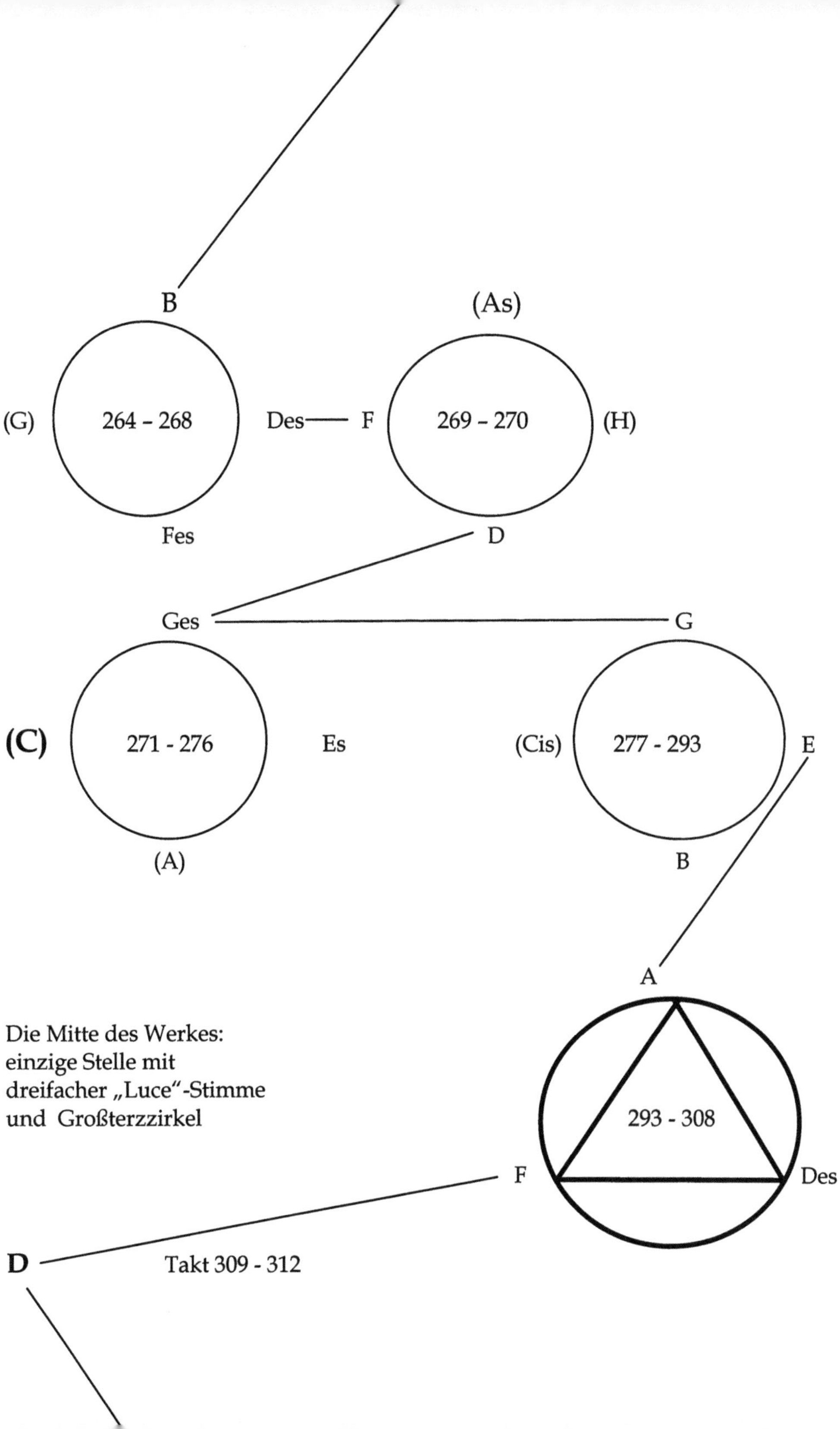
B
(As)
(G)
264 - 268
Des
F
269 - 270
(H)
Fes
D
Ges
G
(C)
271 - 276
Es
(Cis)
277 - 293
E
(A)
B
A
Die Mitte des Werkes:
einzige Stelle mit
dreifacher „Luce"-Stimme
und Großterzzirkel
293 - 308
F
Des
D
Takt 309 - 312

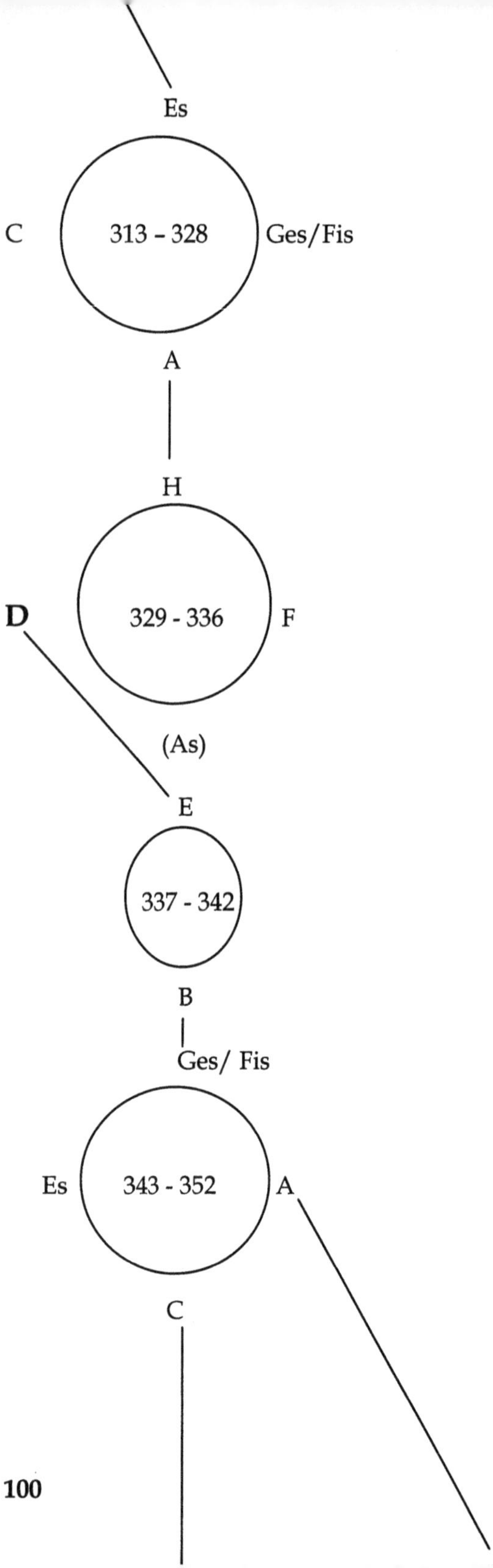
Es
C
313 - 328
Ges/Fis
A
H
D
329 - 336
F
(As)
E
337 - 342
B
Ges/ Fis
Es
343 - 352
A
C

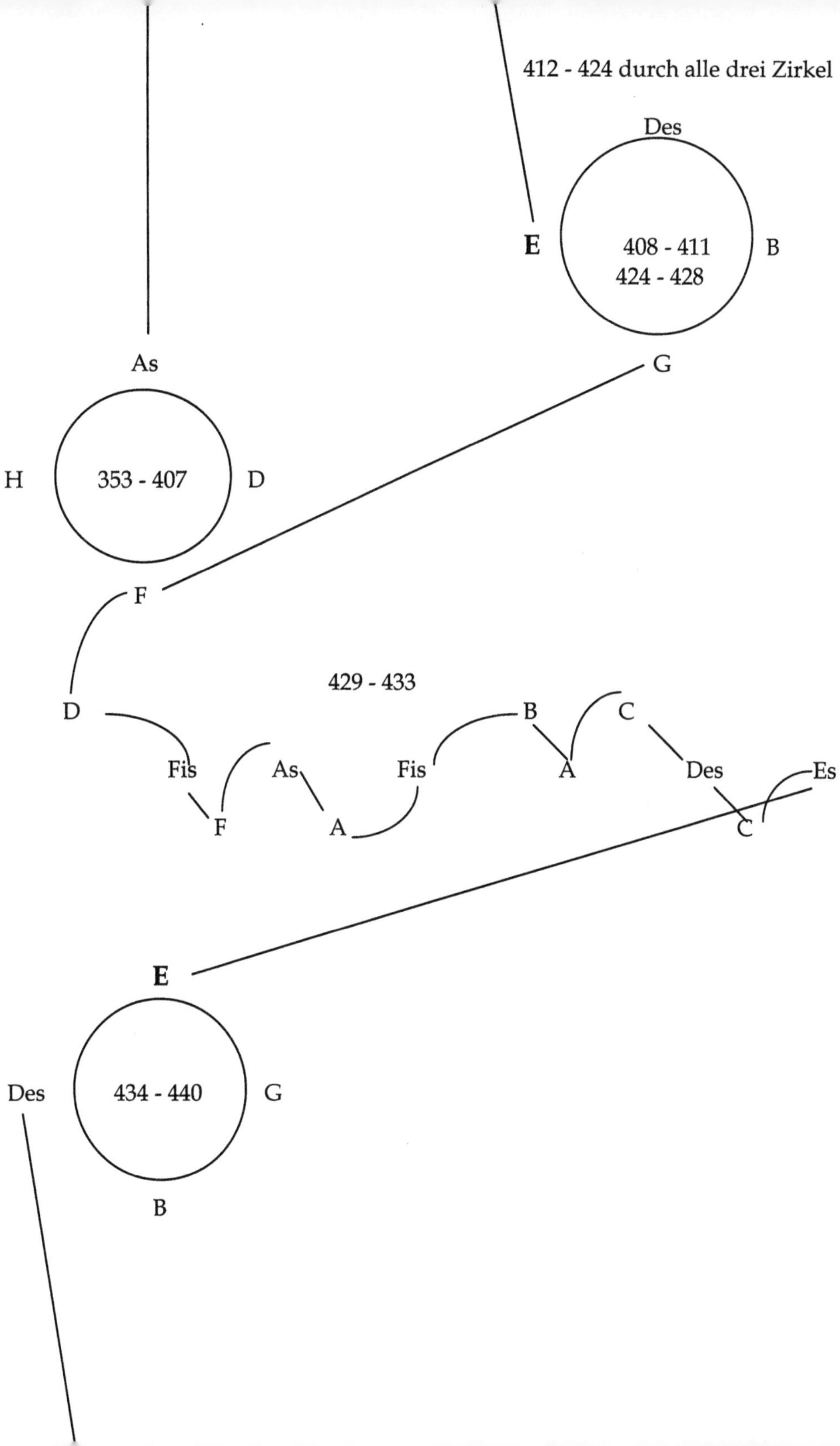

412 - 424 durch alle drei Zirkel
Des
E
408 - 411
424 - 428
B
G
As
H
353 - 407
D
F
D
429 - 433
Fis
F
As
A
Fis
B
A
C
Des
Es
C
E
Des
434 - 440
G
B

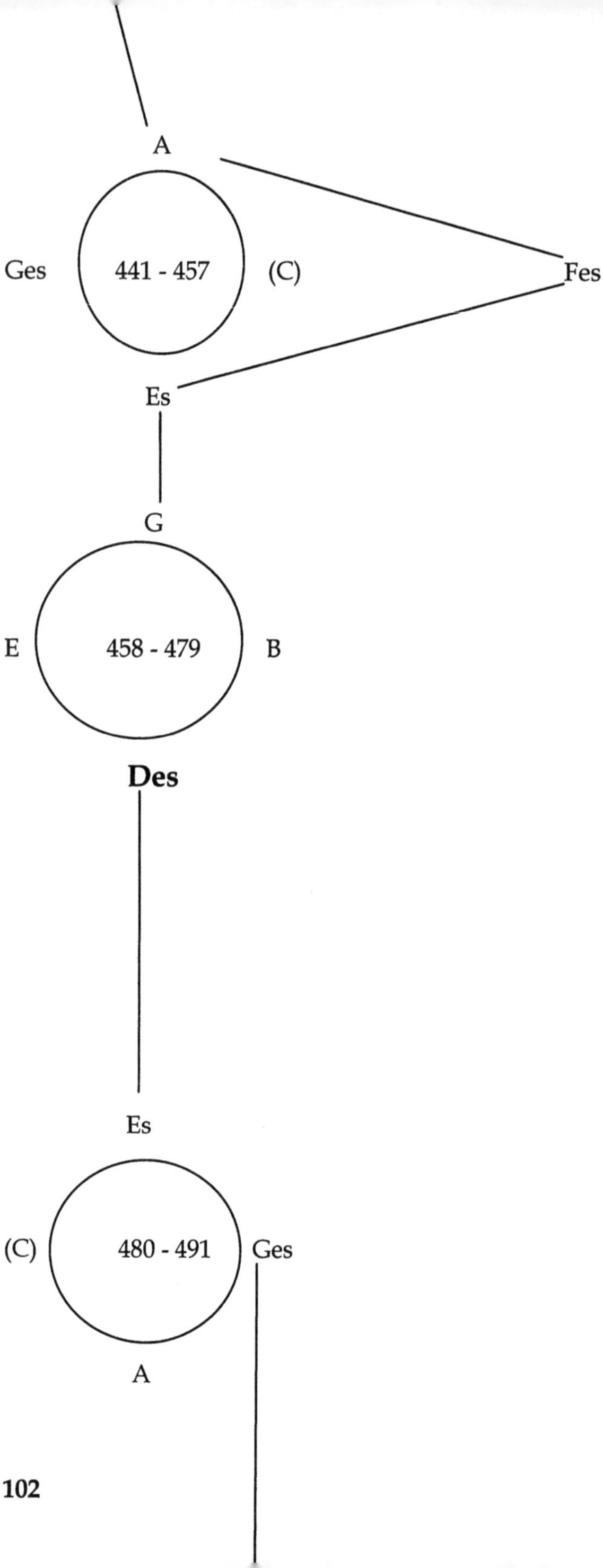
A
Ges
441 - 457
(C)
Fes
Es
G
E
458 - 479
B
Des
Es
(C)
480 - 491
Ges
A

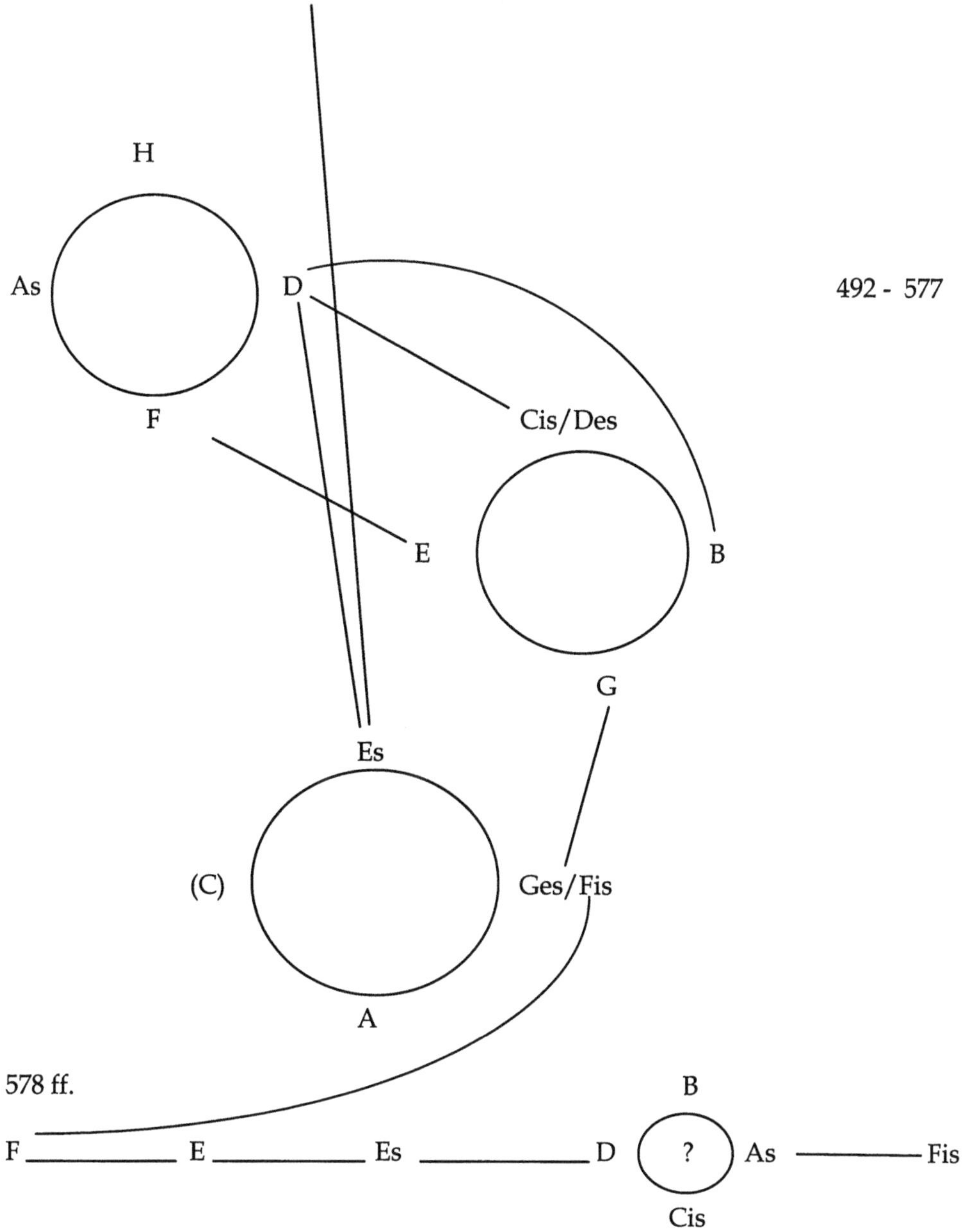

Durch diese Darstellung wird deutlich, daß sich die Harmonik überwiegend in Kleinterzzirkeln bewegt.

Genau in der Mitte des Werkes befindet sich eine besondere Stelle:

In den Takten 293 ff. sind in der „Luce"-Stimme als einzige Ausnahme drei Töne notiert: „Des", „F" und „A". Dieses ist auch das einzige Vorkommen eines Großterzzirkels in diesem Werk. Und dieses, wie gesagt, genau in der Mitte. Der Großterzzirkel teilt die Oktave in drei gleich große Teile.

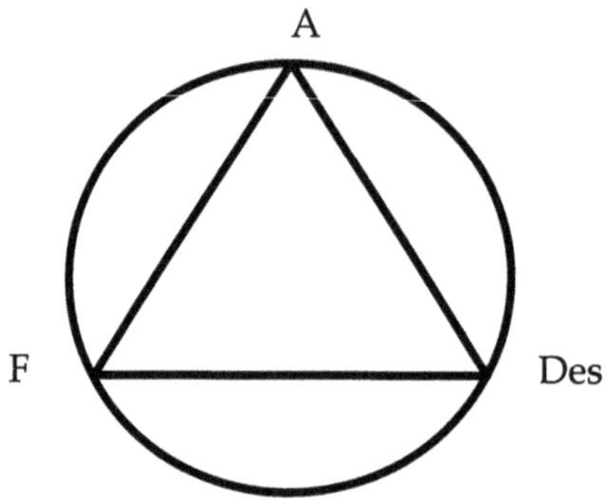

Takt 293 - 308

Skrjabin bestand darauf, daß in der Erstausgabe der Partitur auf dem Einband ein Bild seines belgischen Freundes, des Malers und Theosophen Jean Delville, gezeigt wurde. Auf diesem Bild sind u.a. unter einer Leier zwei verschlungene Dreiecke zu sehen, das alte Symbol Luzifers.
Luzifer , *luce-ferre,* der Bringer des Lichtes, ist damit mit Prometheus verwandt und spielt in der Gedankenwelt Skrjabins, auch hier im „Prometheus", sicher eine Rolle.

Ich glaube, daß die etwas großflächigeren Zentren der „Luce"-Stimme mit einer außermusikalischen Idee zu tun haben, denn Skrjabin gibt am Anfang der Partitur für jeden Ton eine bestimmte außermusikalische Bedeutung an:

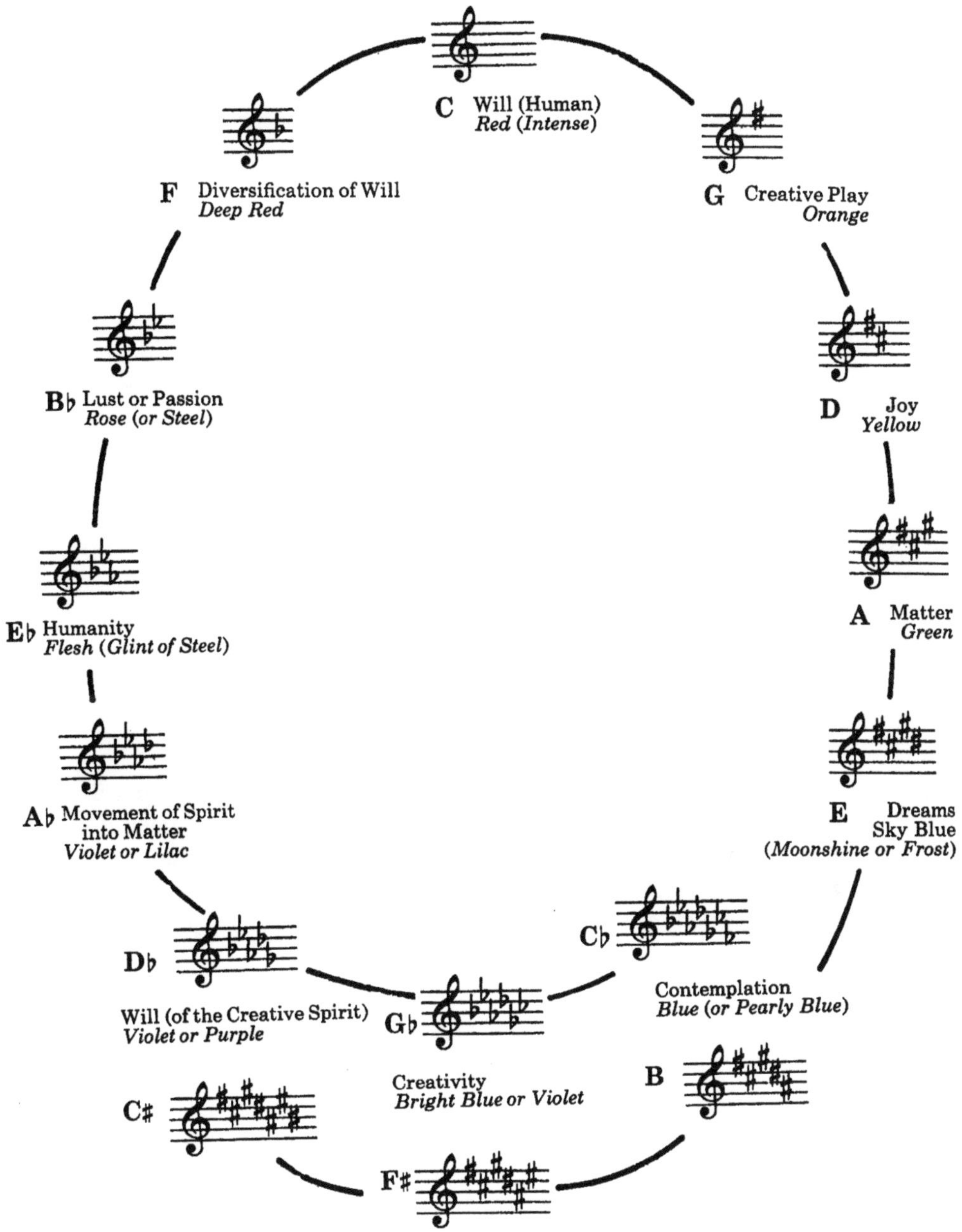

Skrjabins Ton- Farben- Schema[48]

[48] Skrjabin, Alexander, Prometheus, Le Poème du feu Op. 60, Ernst Eulenburg Ltd., London,

Wie ist nun aber das Klangfortschreitungssystem entstanden? Wie ich weiter oben dargestellt habe, hat Skrjabin versucht traditionelle Denkmodelle auf seine Harmonik zu übertragen. Einige dieser Versuche stellten sich, wie weiter oben dargestellt, als Sackgassen heraus. Der Versuch, das stufentheoretische Denken auf seine Harmonik zu übertragen, ist gescheitert. Auch der Versuch die Quintverwandtschaft durch Tritonusverwandtschaft zu ersetzen ist nicht ganz unproblematisch.

Ein Weg könnte aber fruchtbar gewesen sein:
Traditionelle Tonarten und die Dur-Moll-Akkorde sind auf dem Quintenzirkel angeordnet. Der Quintenzirkel hat die Eigenschaft, daß die Distanz von Stufe zu Stufe immer dieselbe ist. Es handelt sich um einen äquidistanten Zirkel. Wenn man nun diese Äquidistanz als eine entscheidende Qualität ansieht, so ist der Schritt dazu, den äquidistanten Quintenzirkel durch andere, ebenfalls äquidistante Zirkel zu ersetzen, nicht mehr groß.
Und so ersetzt Skrjabin den äquidistanten Quintenzirkel durch andere äquidistante Zirkel, hier vor allem durch den Kleinterzzirkel.

Aber auch diese Kleinterzzirkel haben in der Tradition eine gewisse Vorgeschichte. Es sind keine Neuerfindungen Skrjabins. Ich möchte deshalb kurz auf die historischen Wurzeln der Kleinterzzirkel eingehen.

3. Historische Vorbilder

Wie ich weiter oben dargelegt habe, spielte bei der Entwicklung der Harmonik Skrjabins der „Tristan-Akkord“ eine Rolle. Skrjabin war von der Tristan-Harmonik beeinflußt, und zwar nicht nur was die Bildung der Zusammenklänge betrifft, sondern auch durch die Akkordfortschreitungen. Um diesen Zusammenhang besser darstellen zu können, möchte ich kurz auf die Akkordverbindungen, in denen der „Tristan-Akkord“ bei Wagner vorkommt, eingehen.

Der „Tristan-Akkord“ im Vorspiel zu „Tristan und Isolde“

Man weiß von Skrjabin, daß er das „Liebestrank-Motiv“, aus „Tristan und Isolde“, neben dem „Feuerzauber“ und dem „Schwert-Motiv“ von den Wagnerschen Motiven am meisten geschätzt hat [49]. Es lässt sich auch eine Entwicklungslinie vom „Tristan-Akkord“ über eine Dominantform zum „Skrjabin-Akkord“ nachweisen.

---

[49]Sigfried Schibli, Alexander Skrjabin und seine Musik, Grenzüberschreitungen eines prometheischen Geistes, Piper-Verlag, München 1983, S. 178

Die Struktur der Zusammenklänge

Richard Wagner Anfang aus „Tristan und Isolde“

Prelude op. 27 Nr. 1 Takt 1

Poème fantasque op., 45 Nr. 2 Takt 1-2

Desir op. 57 Nr. 1 Takt 1-2

Anfang Prometheus op. 60, Klavierauszug

Feuillet d ´Album op. 58 Takt 1-4

Oder in einer Tonart notiert:

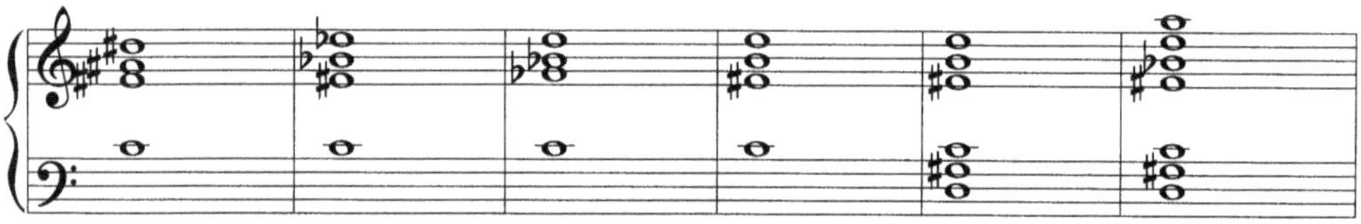

„Tristan-Akkord“	op. 27 Nr. 1 Anfang	op. 45 Nr. 2 Anfang	op. 57 Nr. 1 Anfang	Prometheus-akkord	op. 58 Anfang

Skrjabin verwendet den Tristan-Akkord im Prelude op. 27 Nr. 1 als Dominante mit kleiner Sexte und kleiner None. Auch die späteren Abwandlungen an diesem Akkord bleiben zunächst verschiedene Dominantformen.

Die Klangfortschreitungen

Der erste Akkord in „Tristan und Isolde" wird häufig als ein Indiz für die Auflösung der Dur-Moll-Tonalität angeführt, denn die funktionale Deutung dieses Akkordes fällt ausgesprochen schwer.
Schon die Festlegung eines Grundtones, auf den sich dieser Klang bezieht, bereitet große Schwierigkeiten, und so gehen hier die Meinungen bereits auseinander. Einige Analytiker meinen, dieser Akkord sei eine Doppeldominante, andere wiederum meinen, es handele sich um eine Subdominante. Die einen sehen also „h" als Grundton, andere wiederum den Ton „d".[50]
Ich werde die Problematik hier nicht vertiefen, sondern ich werde den „Tristan-Akkord" auf eine andere Weise zu fassen versuchen und dabei das Problem, was denn der Grundton oder gar die Funktion des Akkordes ist, gänzlich ausklammern.
Überraschenderweise findet man Erklärungsansätze für diese Harmonik, indem man zunächst nicht das Neue, sondern das Traditionelle in Wagners Tondenken sucht, denn Wagner befand sich in einem bestimmten musikhistorischen Kontext und hat bestimmte Traditionen übernommen.
So auch die Auffassung von Akkorden und der Art und Weise, wie man einen Akkord im mehrstimmigen Satz darstellen kann. Im traditionellen harmonischen Denken kann ein Akkord, der in der Regel eine Terzenschichtung ist, im vierstimmigen Satz unterschiedlich dargestellt werden. So kann ein Akkord in Oktav-, Terz- oder Quint- Lage, in enger oder weiter Lage, als Grund- als Sext oder auch als Quart-Sext-Akkord notiert sein. Die ursprüngliche Terzenschichtung ist so nicht mehr unmittelbar erkennbar.

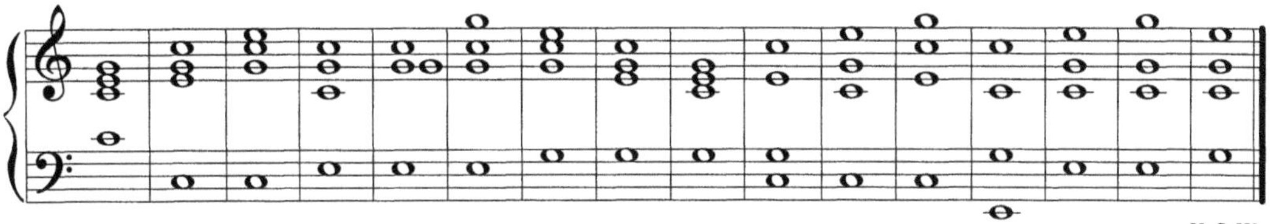

u.s.w.

[50] Genaueres in dem Artikel über den Tristanakkord von Hermann Danuser, MGG, zweite, neubearbeitete Ausgabe, Sachteil, Bd. 9 herausgegeben von Ludwig Finscher, Bärenreiter Kassel, Basel, London, New York, Prag und Metzler, Stuttgart, Weimar S. 831 ff.

Auch der „Tristan-Akkord“ wird behandelt wie ein traditioneller Akkord und kommt nicht nur in einer Lage, Stellung oder Umkehrung vor. Er muß also nicht nur in der Intervallkonstellation: (von unten nach oben gelesen) Tritonus, große Terz, reine Quarte vorkommen, sondern es gibt ihn auch in anderen Konstellationen.

Ich habe zuerst einmal zusammengetragen, in welchen unterschiedlichen Zusammenhängen dieser Akkord im Vorspiel überhaupt vorkommt, gleiche Akkordverbindungen habe ich nicht zweimal aufgeführt. Um den Vergleich der Situationen untereinander etwas zu vereinfachen, damit eine Deutung ermöglicht wird, habe ich unter die jeweiligen Beispiele den „Tristan-Akkord“ jeweils so transponiert und umgestellt notiert, daß er in derselben Lage und Stellung wie in Takt 2 erscheint. Der Akkord besteht auf diese Weise aus den gleichen Tönen - unter Umständen allerdings enharmonisch verwechselt.

Takt 2
Takt 10
Takt 25
Takt 60
Takt 89

Wenn man diese Stellen miteinander vergleicht, so kann man feststellen, daß derselbe Akkord sich mal nach „E", mal nach „D", nach „Fis", und mal nach „Dis" auflösen kann.

Ein weiterer Zusammenhang, in dem dieser Akkord auftaucht, ist, daß ein weiterer Ton im Baß hinzukommt, so daß dieser Akkord ein neues Fundament bekommt und dadurch eine neue und eindeutige Funktionsbestimmung erhält.

Dadurch, daß dieser Akkord in derselben Lage und Stellung notiert ist und so aus den (zum Teil enharmonisch verwechselten) gleichen Tönen besteht, kann man diese Situationen sehr gut miteinander vergleichen. Und hier erkennt man: man erkennt nichts. Es gibt keinen Zusammenhang dieser Zielakkorde, der sich einem aufdrängt, und auch nach längerem Nachdenken entdeckt man keinerlei Gemeinsamkeiten der jeweiligen Zieltonarten. Dieser Akkord ändert offensichtlich je nach Zusammenhang seine Bedeutung, er scheint sich fast jeder harmonischen Situation anzupassen.
Eines aber kann man feststellen, nämlich, daß es sich bei diesem Zusammenklang um einen mehrdeutigen Akkord handelt, dessen Bedeutung vom Zusammenhang, in dem er vorkommt, abhängt. Diese Feststellung mag auf den ersten Blick banal aussehen, sie führt aber zum eigentlichen Kernproblem.
Ein Akkord, der enharmonisch leicht umdeutbar ist und deswegen mehrdeutig ist, wird als „vagierender Akkord" bezeichnet. Bevor ich mich dem „Tristan-Akkord" als einem vagierenden Akkord zu nähern versuche, scheint es mir sinnvoll, zunächst einmal der Frage nachzugehen, wie diese Eigenschaft von vagierenden Akkorden, in verschiedenen Tonarten gleichzeitig „zu Hause zu sein", zu erklären ist.

Vagierende Akkorde

Wie ich weiter oben bereits dargelegt habe, führt die Mehrdeutigkeit der Akkorde zur Auflösung der funktionalen Tonalität. Diese Mehrdeutigkeit hat aber nicht nur zerstörerische Wirkung, sondern mehrdeutige Akkorde, Arnold Schönberg nannte sie „vagierende Akkorde"[51], bilden ganz eigene Strukturen von Klangfortschreitung aus.
Der wohl am häufigsten gebrauchte vagierende Akkord ist der Dv, also eine verkürzte Dominante mit einer hinzugefügten Septe und einer kleinen None.

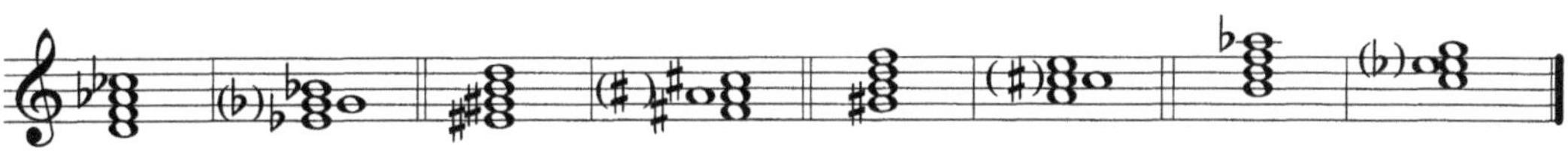

Dieser Akkord hat - enharmonisch umgedeutet - in den Tonarten Es/es, Fis/fis, A/a und C/c dieselbe Funktion. Diese Tonarten liegen alle auf einem Kleinterzzirkel. Das liegt natürlich daran, daß der Dv gewissermaßen selbst ein Kleinterzzirkel ist, er besteht ja nur aus kleinen Terzen.

[51] Siehe dazu auch den Artikel von Werner Breig „vagierender Akkord" in: Terminologie der Musik im 20. Jahrhundert (Handwörterbuch der musikalischen Terminologie, Sonderband 1) herausgegeben von Hans Heinrich Eggebrecht, Franz Steiner Verlag, Stuttgart 1995

Er ist eine von mehreren Möglichkeiten der äquidistanten Oktavteilung und ist somit ein symmetrisches Gebilde. Symmetrische Gebilde wiederum haben die Eigenschaft von verschiedenen Perspektiven aus betrachtet gleich auszusehen. Ein Quadrat, zum Beispiel, sieht von den vier verschiedenen Seiten her gesehen gleich aus, weil die vier Seiten gleich lang sind. Genauso sind die vier Intervalle des Dv gleich „lang". Deswegen hat dieser symmetrische Akkord von vier verschiedenen Tonarten aus gesehen die gleiche Funktion. Der Grund dafür ist die symmetrische, äquidistante Oktavteilung.
Auch der übermäßige Dreiklang ist ein symmetrischer und somit ein vagierender Akkord. Er teilt die Oktave in drei gleich große Intervalle, vergleichbar mit einem Dreieck. Hier ein Beispiel von Franz Liszt aus Années de Pèlerinage, Deuxième Année, Italie, „Il Penseroso":

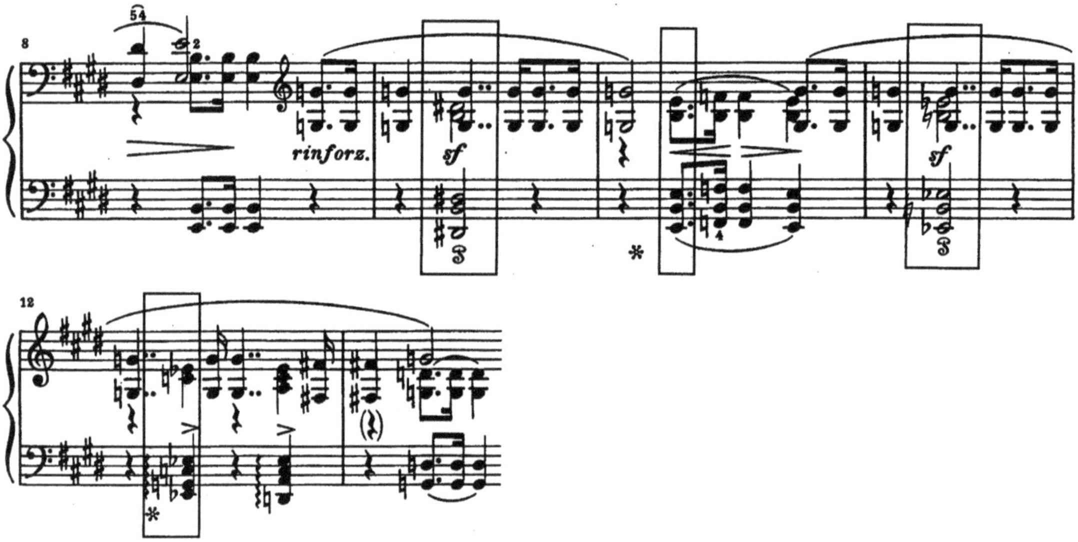

Franz Liszt, Il Penseroso, Takt 8 – 13

Der übermäßige Dreiklang in Takt 9 wird in Takt 10 aufgelöst nach e-moll und in Takt 12 nach c-moll. Denkbar wäre auch die Auflösung nach as-moll, so daß ein Großterzzirkel entstünde.

Ein weiterer vagierender, mehrdeutiger Akkord, der in der Literatur häufiger vorkommt, ist der Dominantseptakkord, der sich auch als übermäßiger Quint-Sext-Akkord, also als verkürzte Dominante (meist Doppeldominante) mit Septe, kleiner None und einer tiefalterierten Quinte enharmonisch umdeuten läßt.
Dieser Akkord ist nun aber nicht, wie der Dv und der übermäßige Dreiklang, symmetrisch gebaut. Mit Symmetrie ist diese Mehrdeutigkeit des Akkordes scheinbar nicht zu erklären.

Bei genauerer Betrachtung jedoch stellt sich heraus, daß der Unterschied zum Dv nur minimal ist. Denn, wenn man die kleine None des Dv um einen Halbton absenkt, wird aus der None die Oktave, und man erhält den Dominantseptakkord. Der Unterschied zu der äquidistanten Oktavteilung ist also denkbar klein, er besteht lediglich in einem abgesenkten Halbton. Der Dv teilt die Oktave in vier kleine Terzen und besteht somit aus vier verschiedenen Tönen. Deshalb gibt es vier verschiedene daraus abgeleitete Dominantseptakkorde, die ebenfalls auf einem Kleinterzzirkel liegen.

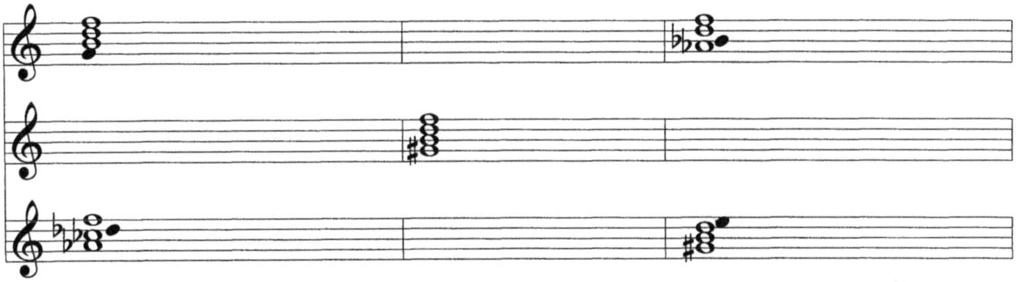

Die Zieltonarten dieser vier Akkorde müssen ebenso auf einem Kleinterzzirkel liegen, vorausgesetzt die Deutung ist dieselbe, entweder als Dominantseptakkord oder als übermäßiger Quint-Sext der Doppeldominante.

Diese Kleinterzzirkel sind also die unmittelbare Folge aus der Tatsache, daß der Dv selbst eine Art simultaner Kleinterzzirkel ist und der Dominantseptakkord (bzw. übermäßige Quint-Sext-Akkord) sich nur von diesem dadurch unterscheidet, daß ein Akkordton um einen Halbton abgesenkt ist. Die Mehrdeutigkeit der Akkorde zieht den Kleinterzzirkel nach sich.

Es geht bei diesen vagierenden Akkorden also im Kern um Symmetrie. Symmetrische Gebilde kann man spiegeln, ohne daß sich das Ergebnis vom Original unterscheidet. Wenn man einen Kleinterzzirkel spiegelt, erhält man wiederum einen Kleinterzzirkel. Das leichte Abweichen von der symmetrischen Anlage des Dv scheint die Mehrdeutigkeit des Akkordes nicht zu beeinträchtigen.
Wie ich gezeigt habe, unterscheidet sich der Dominantseptakkord vom Dv nur dadurch, daß ein Ton um ein Halbton abgesenkt ist. Wenn das Absenken eines Tones des Dv um einen Halbton einen neuen vagierenden Akkord ergibt, so könnte die symmetrische Anlage des Akkordes nahelegen, daß das gleiche Ergebnis, also ein vagierender Akkord, durch die Spiegelung dieses Prozesses ebenso zu erzielen ist, das heißt also nicht durch das Absenken eines Tones um einen Halbton, sondern durch dessen Anheben.

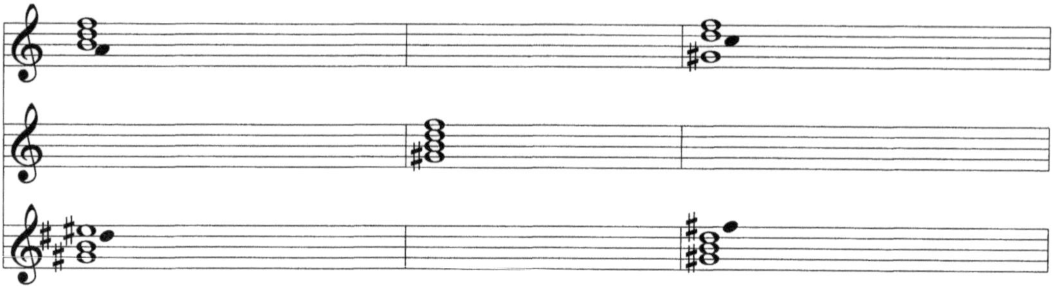

Wenn man durch das Absenken eines Tones eine Dur-Dominante , also eine Oberquinte, mit charakteristischer Dissonanz erhält, so erhält man spiegelbildlich durch das Anheben eines Tones eine Unterquinte, also eine Moll-Subdominante, in diesem Falle mit Sixte ajoutée.
Dasselbe Ergebnis würde man übrigens auch erzielen, wenn man den Dominantseptakkord spiegelte.
Dieser Akkord müßte demnach genau wie sein Spiegelbild auch ein vagierender Akkord sein. Es handelt sich hierbei in der Substanz um den „Tristan-Akkord“.

Es läßt sich also feststellen, daß es bei vagierenden Akkorden im Kern um Symmetriebildungen geht. Die symmetrische, äquidistante Oktavteilung in vier kleine Terzen hat zur Folge, daß der Dv in vier auf einem Kleinterzzirkel gelegenen Tonarten die gleiche Funktion hat, und er deswegen mehrdeutig ist. Auch die eng mit ihm verwandten Klänge liegen auf einem Kleinterzzirkel.
Diese Mehrdeutigkeit der vagierenden Akkorde zieht so aufgrund ihrer symmetrischen Anlage zwangsläufig die Bildung äquidistanter Zirkel nach sich.

Soweit die theoretischen Betrachtungen über vagierende Akkorde und der Bezug zu Kleinterzzirkeln. Wenn der „Tristan-Akkord“ so eng mit dem Kleinterzzirkel zusammenhängt, dann müßten diese sich ja bei Wagner im Zusammenhang mit dem „Tristan-Akkord“ nachweisen lassen.

Kleinterzzirkel im Vorspiel zu „Tristan und Isolde“

In den eröffnenden 11 Takten des Vorspiels kommt der „Tristan-Akkord“ dreimal vor: in Takt 2, 6 und 10.

Diese Akkorde liegen alle auf einem Kleinterzzirkel und lassen sich alle aus einem Dv ableiten.

Die jeweils nachfolgenden Akkorde liegen nicht auf einem Kleinterzzirkel, da der „Tristanakkord“ als vagierender Akkord immer unterschiedlich aufgelöst wird. Es fällt auf, daß der vierte mögliche Akkord, der den Zirkel schließen würde, nicht auftaucht. Der letzte mögliche Akkord des Kleinterzzirkels kommt erst in Takt 89 vor. Das hängt möglicherweise damit zusammen, daß wir uns noch im Vorspiel befinden. Die Zirkel werden noch nicht geschlossen - der Höreindruck wäre eine Rückkehr zum Anfang - sie werden gewissermaßen nur geöffnet, um den eröffnenden Charakter des Vorspiels zu unterstreichen. Geschlossene Zirkel findet man erst im „Liebestod“.

Sehr mäßig beginnend.
ge mit wachsender Begeisterung auf Tristans Leiche.)
Isolde.
B.
nicht?
pp
Mild und lei_se wie er lächelt,
pp
trem.
pp
Is.
wie das Au_ge hold er öff_net,-
seht ihr's, Freunde?
pp
pp
R.W. 5.
Is.
Säh't ihr's nicht?
Im _ mer lich _ . ter
p cresc.

Richard Wagner: „Liebestod" aus „Tristan und Isolde"

Es läßt sich zusammenfassend festhalten, daß die Tristan-Harmonik im Kern auf der äquidistanten Oktavteilung in vier kleine Terzen beruht. Dieses gilt sowohl für die Akkordfortschreitungen in Kleinterzzirkeln, als auch für die Zusammenklänge, nämlich den Dv und die eng verwandten Klänge. Diese verwandten Zusammenklänge werden durch Hebung bzw. Senkung eines Akkordtones des Dv gewonnen. Die entscheidende Eigenschaft, die all diese Klänge gemeinsam haben, ist ihre Mehrdeutigkeit, die die Folge der Symmetrie der äquidistanten Oktavteilung ist.

Man kann verallgemeinernd feststellen, daß vagierende Akkorde und äquidistante Zirkel eng miteinander zusammenhängen. Letztere entstehen nämlich aufgrund der Mehrdeutigkeit der Akkorde.
Man kann außerdem sagen, daß Dv und D7 aufgrund ihrer Mehrdeutigkeit eine gewisse Neigung zur Bildung von Kleinterzzirkeln entwickeln.

Auch Skrjabin verwendet, wie weiter oben dargestellt, Akkorde, die aus verschiedenen Dominantformen abgeleitet sind. Auch bei ihm entstehen in der Folge Mehrdeutigkeiten und deshalb äquidistante Zirkel.

Die historischen Wurzeln des Kleinterzzirkels

Wie ich dargestellt habe, spielen bei der Bildung von Kleinterzzirkeln Dominantseptakkorde und verkürzte Dominantseptakkorde mit kleiner None eine Rolle. Um im traditionellen dur-moll-tonalen Denken Dominantseptakkorde bzw. verkürzte Dominantseptakkorde mit kleiner None, die auf einem Kleinterzzirkel stehen,

miteinander zu verbinden, so daß ein musikalisch brauchbarer Satz entsteht, bedarf es eines Durchgangsakkordes.
Diese Satzmodelle sind in neuerer Zeit unter dem Namen D7 bzw. Dv-Fächer[52] bekannt:

Dv-Fächer

D7-Fächer

Es entsteht in der linken Hand der „2. Messiaen-Modus".

Die Kombination dieser beiden Fächermöglichkeiten ergibt den folgenden Satz mit chromatischer Tonleiter in der linken Hand:

[52] Begriff von Günter Friedrichs, später auch von Christian Möllers verwendet.

„Teufelsmühle"

Dieses letzte Beispiel ist keine Entwicklung von mir. Es mag überraschen, daß dieses Beispiel sehr alt ist. Es stammt nämlich aus dem Jahre **1802** und ist einer Harmonielehre von Georg Joseph (Abbe) Vogler entnommen.[53] Ebenso das folgende Beispiel:

Kleinterzzirkel

„Teufelsmühle"

[53] Georg Joseph Vogler, Handbuch für Harmonielehre und für den Generalbaß, Wien 1802

Diese Fächer waren früher unter den Namen „Hexentreppe", „Teufelsmühle" oder „Pathopoiia" bekannt. Es gibt noch andere Theoretiker, die diese Satzmodelle beschrieben haben. So auch **1805** E. A. Förster[54]:

„Teufelsmühle"

Auch in der Harmonielehre von J. Drechsler[55] erscheint dieses Modell in folgender Skizze:

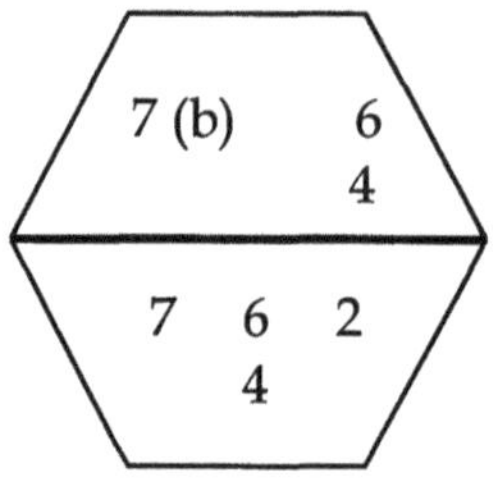

„Teufelsmühle"

Die erste mir bekannte Erwähnung eines solchen Satzmodells findet sich schon **1776** bei G. J. Vogler:[56]

54 E. A. Förster, Anleitung zum Generalbaß, Wien 1805

55 J. Drechsler, Harmonie- und Generalbaßlehre, Wien 1816

56 G. J. Vogler, Tonwissenschaft und Tonsetzkunst, 1776

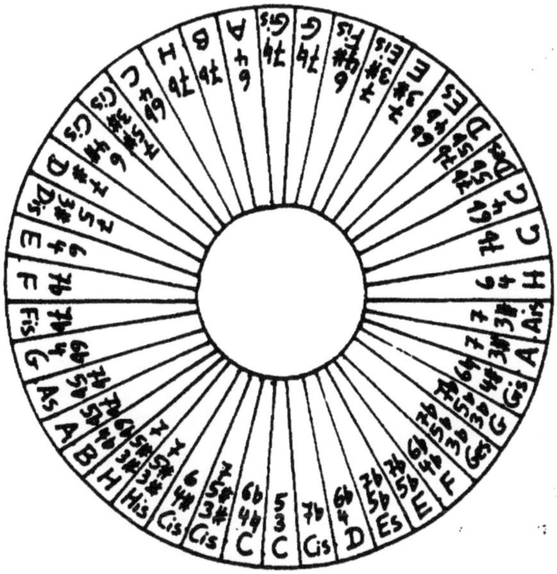

Die folgende Übertragung erleichtert die Lesbarkeit:

Durch dieses Beispiel wird deutlich, daß das Denken in äquidistanten Zirkeln orthographische Probleme bereitet. Um Doppel- oder gar Dreifachvorzeichen zu vermeiden, muß man häufig enharmonisch umdeuten, was auf Kosten der horizontalen Logik geht. Auch dieses Problem zieht sich, wie man sieht, durch die Musikgeschichte und beginnt schon, wie ich finde, erstaunlich früh.
Die Entwicklung dieses Satzmodells läßt sich dann in der Musikgeschichte verfolgen. Es ist zunächst selten, daß die Zirkel geschlossen werden, denn Sequenzen wurden selten mehr als zweimal wiederholt.
Ein Beispiel für einen kurzen Ausschnitt dieses Satzmodelles ist die folgender Stelle aus der „Matthäus-Passion" von Johann Sebastian Bach, **1729:**

Matthäus-Passion, Rezitativ Nr. 73 Takt 5 - 7

Weitere Beispiele sind (chronologisch geordnet): [57]

1771/73: Joseph Haydn, Sinfonie Nr. 61 (A), 1. Satz, Takt 70 - 76

1772: Joseph Haydn, Abschieds-Sinfonie Nr. 45 (fis) 2. Satz, Takt 164 ff.

1785: C. Ph. E. Bach, Rondo II (c),Takt 98 - 100
Fantasia II (C), Takt 12 ff., beide in der 5. Sammlung, Leipzig 1785

---

[57] Zusammenstellung nach Matthias Siedel

1787: W. A. Mozart, Don Giovanni KV 527, 2. Finale, Takt 495 ff.

1791: W. A. Mozart, Orgelstück für eine Uhr KV 608 (f), Takt 55 ff

1798: Joseph Haydn, „Die Schöpfung": „Die Himmel erzählen", Takt 178 ff.
„Der Herr ist groß", Takt 28 ff.

1800: L. v. Beethoven, Streichquartett op. 18/6 (B) „La Malinconia", Takt 36 ff.

L. v. Beethoven: Streichquartett op. 18/6 (B) „La Malinconia", Takt 35 ff.

In diesem Beispiel werden immerhin schon drei Akkorde eines Kleinterzzirkels abgedeckt. Es fehlt nur noch einer. Die Tendenz, daß die Fächer immer weiter getrieben werden, so daß die Zirkel immer weiter geschlossen werden, wird im Verlauf der Musikgeschichte immer deutlicher. Es dauert deshalb auch nicht mehr lange, bis man bei Beethoven auf geschlossene Zirkel trifft.

Interessant ist übrigens auch, daß in Takt 36 klanglich der „Tristan-Akkord" entsteht, auch hier im Zusammenhang mit einem Fächer und somit einem Kleinterzzirkel.

1802: L. v. Beethoven, Sinfonie Nr. 2 op. 36 (D), 1. Satz, Takt 326 ff.

L. v. Beethoven, Sinfonie Nr. 2 op. 36 (D), 1. Satz, Takt 323 - 328.

L. v. Beethoven, Sinfonie Nr. 2 op. 36 (D), 1. Satz, Takt 329 - 339.

In diesem Beispiel ist zum ersten Mal ein geschlossener Kleinterzzirkel, sowohl mit Dv als auch mit Dominantseptakkorden. In Takt 326 erklingt ein Dominantseptakkord auf „d", in Takt 328, Zählzeit 3 einer auf „f", in Takt 330, Zählzeit 3 einer auf „as" (enharmonisch verwechselt), in Takt 332, Zählzeit 3 einer auf „h" und in Takt 334 schließlich, wird der Zirkel mit dem Erklingen des Dominantseptakkordes auf „d" geschlossen.

1804: L. v. Beethoven, Sonate op. 54 (F), 2. Satz, Takt 37 ff.

L. v. Beethoven, Sonate op. 54 (F), 2. Satz, Takt 33 - 49

Hier wird der Zirkel nicht ganz umrundet, aber immerhin drei der vier Stationen werden erreicht.

1805: J. N. Hummel, Messe op. 77 (B), Gloria, Takt 177 ff.

1815: F. Schubert, „Meeresstille" D 216, Takt 17 ff.

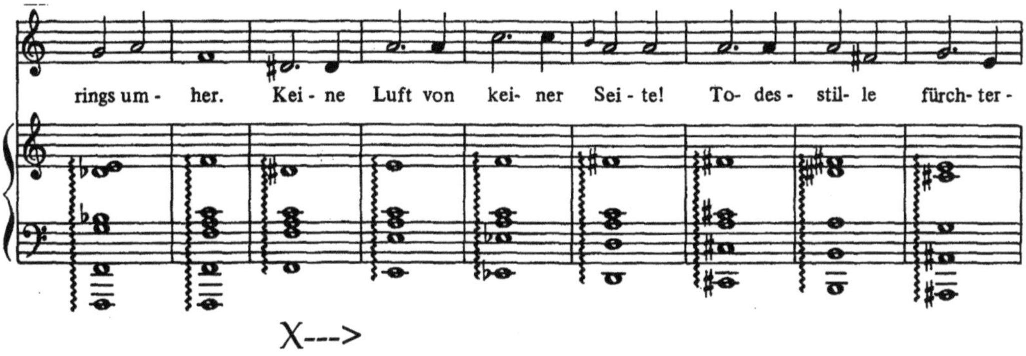

Franz Schubert, „Meeresstille“ D 216, Takt 15 - 24

In diesem Beispiel wird der Zirkel auch nicht ganz geschlossen, aber es werden auch hier drei der vier Stationen erreicht: Die Dominantseptakkorde heißen in Takt 17 auf „f“ (zunächst enharmonisch verwechselt, in Takt 19 aber korrekt), Takt 20 auf „d“ und in Takt 22 auf „h“. Auch hier sieht man die Schwierigkeiten mit der Orthographie: eigentlich findet zwischen Takt 17 und Takt 19 über den Takt 18 nur ein Stimmtausch statt. Das „dis“ aus Takt 17 erscheint in Takt 19 als „es“.

1819: F. Schubert, Messe D 678 (As), Credo, Takt 230 ff.

1822: F. Schubert, Wanderer-Phantasie D 760 (C), Scherzo, Takt 564 ff.

1823: C. M. v. Weber, Euryante, Duett „Hin nimm die Seele mein“, Anfang

1825: F. Schubert, Streichquartett D 810 (d), 1. Satz, Takt 32 f. und Takt 37 f.:

F. Schubert, Streichquartett D 810 (d), 1. Satz, Takt 32 - 41

Auch hier wird der Zirkel fast geschlossen.

1827: „XX. Der Wegweiser“ aus „Winterreise“ op. 89 D911, Takt 57 ff.

„Wegweiser" (Winterreise) D911, Takt 55 – 70

Um **1848:** F. Liszt, 2. Konzertetüde, Takt 38 – 40

F. Liszt, 2. Konzertetüde, Takt 38 – 40

Hier handelt es sich um einen reinen Dv Fächer. Hier zeichnet sich schon deutlich die Tendenz ab, die Zirkel zu schließen. Der Zirkel in diesem Beispiel wird geschlossen.

Ein Beispiel für einen geschlossenen D7- Fächer:

Um **1848:** F. Liszt, 3. Konzertetüde, Takt 42 - 46, und der Schluß.

F. Liszt, 3. Konzertetüde, Takt 42 - 47

1849: Dante- Sonate (Armees de Celerinage, Deuxieme), Takt 89 - 95

1850: „Ce qu´on entend sur la montagne“ (Bergsymphonie), Anfang und Takt 780 ff.

„Ce qu´on entend sur la montagne“ (Bergsymphonie), Takt 780 ff.

Dieses ist ein Beispiel für einen geschlossenen Zirkel, der sowohl Dominantseptakkorde, als auch verkürzte Dominantseptnonakkorde verwendet.

1852: Franz Liszt, Etüde „Abirato“ Takt 25 – 30

Man kann also zusammenfassend feststellen, daß das Phänomen, daß symmetrische Klänge ebenso symmetrische Zirkel erzeugen, auf denen die Akkorde sich bewegen, keineswegs neu ist. Bei genauerer Betrachtung kann man sogar sagen, daß das eine das andere zwingend nach sich zieht.
Im historischen Überblick wird deutlich, daß die Tendenz die Zirkel zu schließen immer stärker wird. Zunächst sind geschlossene Zirkel noch recht selten, bei Beethoven und Schubert, so sind sie später bei Liszt fast die Regel.

Skrjabin übernimmt diese Kleinterzzirkel, nur daß verbindende Durchgangsakkorde überflüssig werden.

Es ist möglich, daß Skrjabin, wie weiter oben ausgeführt, durch das Übertragen der äquidistanten Struktur des Quintenzirkels auf andere Zirkel zu diesen Kleinterzzirkeln gekommen ist. Es ist aber auch denkbar, daß Skrjabin die oben dargestellte Tradition der Kleinterzzirkel kannte. Er muß nicht die gesamte Tradition kennen, um in ihr zu stehen, sondern es genügt wenn er das letzte Stadium dieser Entwicklung kennt. Und Wagner und Liszt kannte er.

Es finden sich in der Tradition auch andere äquidistante Zirkel, wie der Großterzzirkel. Im Zentrum des „Prometheus" stand ja ein solcher. Hier ein Beispiel von Franz Liszt, aus Années de Pèlerinage, Deuxième Année, Italie, Sonetto 47 del Petrarca:

Sonetto 47 del Petrarca Takt 1 – 9

4. Weitere harmonische Analysen von Skrjabins Werken

Es wäre ja denkbar, daß es sich bei der Harmonik des „Prometheus" um einen Einzelfall handelt. Es soll deshalb überprüft werden, ob man äquidistante Zirkel auch in anderen Werken Skrjabins findet.
Im Folgenden sind die Grundtöne des unten abgedruckten Preludes op. 74 Nr. 1, auf die die Harmonien bezogen sind, aufgeführt. Die Harmonien sind durch chromatische Durchgänge miteinander verbunden und einige Akkordtöne sind mit Strebetönen versehen, was die Analyse erschwert. Die Orthographie jedoch, mit hochalterierter Quart, Quint, Sept und None macht den Bezug zu einem Grundton eindeutig.

Prelude op. 74 Nr. 1

Grundtöne op. 74 Nr. 1

Takt:	Grundton
Auftakt	Fis
1	A, Fis
2	A, C
3	C
4	C, As
5	As
6	As, (D), C
7	C, Es
8	Es, C
9	Es, C
10	Es, Fis
11	Fis
12	Fis
13	Fis
14	Fis
15	Fis

Dieses Beispiel zeigt ebenfalls, daß es eine deutliche Vorliebe für Terzfortschreitungen gibt. Es gibt, von der kurzen Ausnahme in Takt 6 einmal abgesehen, ausschließlich Klangfortschreitungen in Terzen. Weiterhin läßt sich feststellen, daß sich die Klangfortschreitungen im ganzen Stück außer Takt 4-6, innerhalb des Kleinterzzirkels auf Fis bewegen. Dabei werden alle vier Stufen - Fis, A, C, und Es - erfaßt. In den Takten 4-6 geschieht die Fortschreitung in großen Terzen. Im Folgenden ein Modell, wie man das Fortschreitungssystem des Preludes auch darstellen könnte:

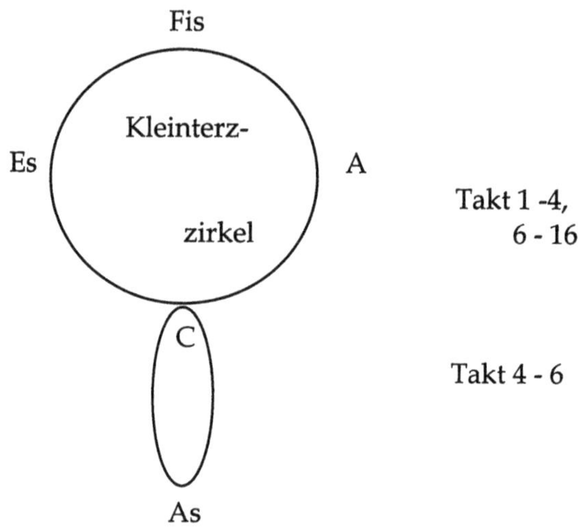

Dieses ist ein weiteres Indiz dafür, daß an die Stelle des Quintenzirkels andere, ebenfalls äquidistante Zirkel getreten sind. Die Untersuchungen mehrerer Werke Skrjabins unterstützen diese These. Es läßt sich feststellen, daß längere Passagen der Stücke aus Transpositionen von „Skrjabin-Akkorden" in äquidistanten Treppen bestehen, wie zum Beispiel in „Vers La Flamme", dem Poème op. 72, hier die ersten 39 Takte:

34

Poème 'Vers La Flamme" op. 72 Takt 1 - 39

Im Folgenden sind die Grundtöne, auf die die Harmonie bezogen sind, notiert.

Takte	Grundtöne
1	Fis
2	Fis
3	Fis
4	Fis
5	A
6	A
7	A
8	A
9	A
10	A
11	C
12	C
13	C
14	C
15	C
16	C
17	C
18	C
19	E, C
20	C
21	C
22	C
23	E, C
24	C
25	C
26	C
27	E
28	E
29	E
30	G
31	E

Takte	Grundtöne
32	G
33	G
34	G
35	E
36	E
37	G
38	G
39	E
40	E

Oder in der anderen Darstellungsweise:

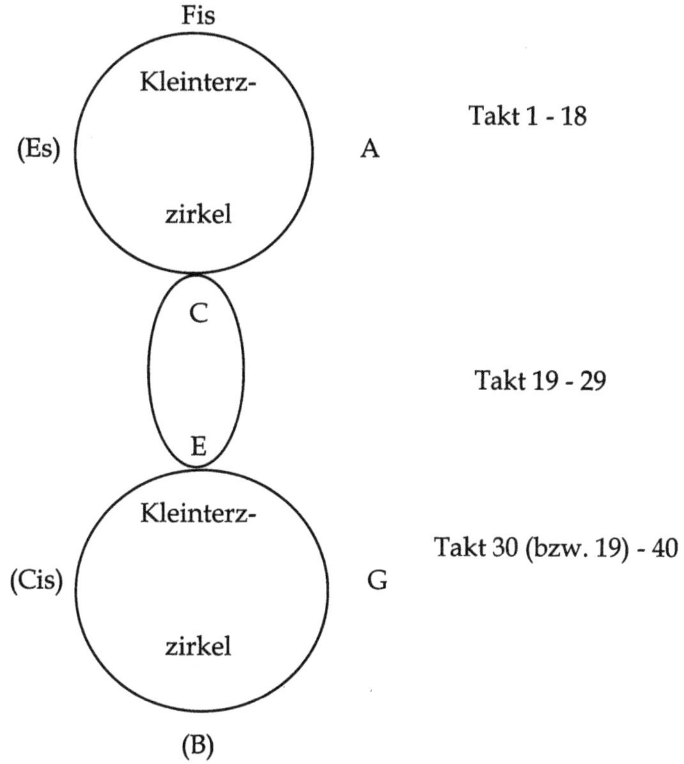

Takt 1 - 18 bewegen sich ausschließlich im Kleinterzzirkel auf „Fis". In den Takten 19-26 wird der Übergang zum Kleinterzzirkel auf „E" angedeutet, sozusagen vorbereitet, was dann spätestens ab Takt 30 abgeschlossen ist.

Diese Zirkel stellen einen Endpunkt der Entwicklung dar, das heißt, nicht alle Stücke nach dem „Prometheus" weisen sie so deutlich auf. In einigen Stücken sind oft mehrere Zirkel miteinander verbunden, wie das folgende Beispiel, „Etrangete" op. 63 Nr. 2, zeigt:

Etrangeté

Op. 63 Nr. 2

Etrangete Op. 63 Nr., 2

Etrangete Op. 63 Nr., 2

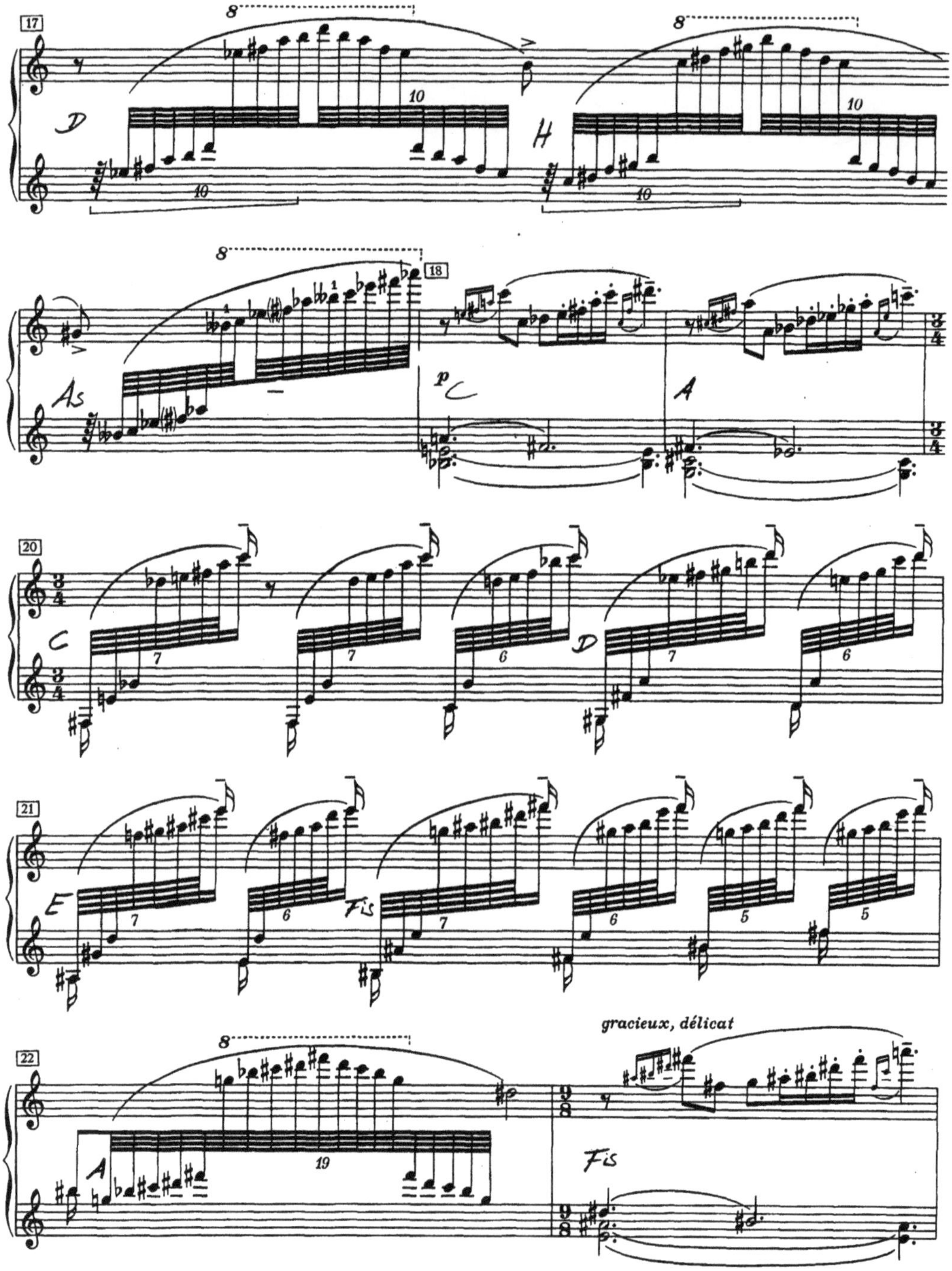

Etrangete Op. 63 Nr., 2

Etrangete Op. 63 Nr., 2

In diesem Stück kommen zwei Zirkel vor. Zum einen der Kleinterzzirkel, zum anderen der Ganztonzirkel. Diese Zirkel sind, wie folgende Skizze zeigt, alternierend angeordnet.

Takte	Grundtöne	Zirkel
1-7	C - A - C - Es - C - Es - Fis	Kleinterz-
8-12	Fis - E - Fis - E - As	Ganzton-
13-17	As - Ces - D - H - As	Kleinterz-
17-18	As - C	Ganzton-
18-20	C - A - C	Kleinterz-
20-21	C - D - E - Fis	Ganzton-
21-31	Fis - A - Fis - A - C	Kleinterz-

Man könnte die harmonische Fortschreitung in diesem Stück auch folgendermaßen skizzieren:

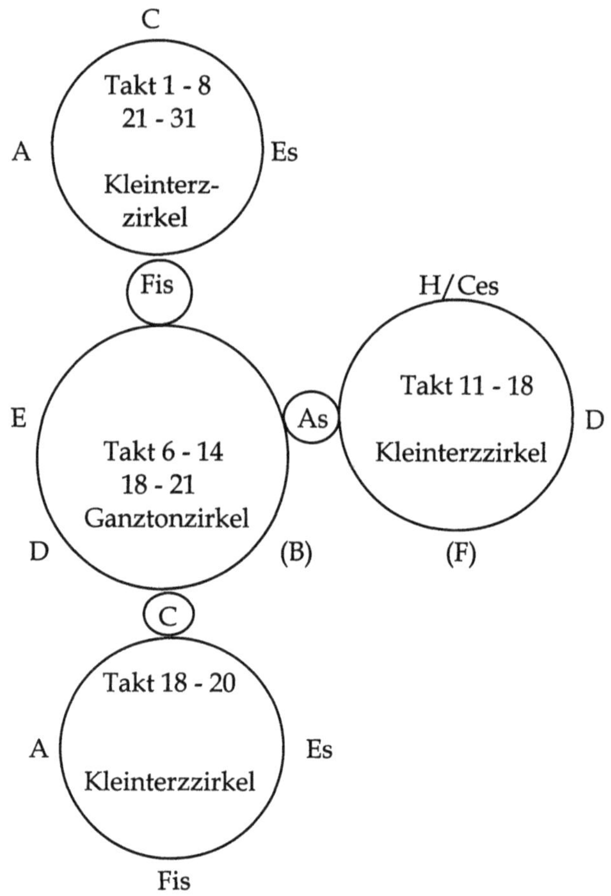

Von jedem Ton eines Zirkels aus kann zu einem anderen Zirkel gewechselt werden. Diese „Übergangstöne" sind hier als Berührungspunkte der Zirkel dargestellt. Die beiden eingeklammerten Töne kommen nicht vor. Ob es Zufall ist oder Absicht war, jedenfalls ergeben alle Grundtöne dieses Stückes zusammengenommen enharmonisch die Töne des „Skrjabin-Akkords" auf d: d-gis-c-fis-h-e/es-a. (Vielleicht ein Grund für die Auslassung der oben eingeklammerten Töne, und eine Weiterentwicklung der auf Seite 71 angeführten Skizze, bei der auf allen Tönen des „Skrjabin-Akkords" ein solcher errichtet ist?)

Ein weiteres Beispiel verdeutlicht, daß in Skrjabins Spätwerk Terzverwandtschaften überwiegen, und daß Terzenzirkel über längere Strecken hinweg den Satz bestimmen. Es ist das Stück „Flammes sombres" op. 73 Nr. 2:

Flammes sombres Op. 73 Nr. 2

Flammes sombres Op. 73 Nr. 2

Flammes sombres Op. 73 Nr. 2

Ich nehme an, daß es sich in Takt 50 um einen Druckfehler handelt, da die Takte 1-7 ansonsten wörtlich wiederholt werden und an der entsprechenden Stelle In Takt 3 „d", „ges" notiert ist. Ähnlich verhält es sich mit Takt 71. Der Vergleich mit dem entsprechenden Takt 75 legt nahe, daß das „b" vor dem „g" vergessen wurde. Im Folgenden sind die Grundtöne, auf die sich die „Skrjabin-Akkorde" beziehen aufgeführt:

Takt	Grundton
1	F, H
2	F, H
3	F, D
4	As, F
5	F
6	F, H
7	F
8	F
9	F
10	F
11	F, H
12	F
13	Des
14	G
15	G
16	G, Cis
17	G
18	Es
19	A
20	A
21	A
22	A
23	A
24	Fis
25	A
26	C
27	A
28	Fis
29	A
30	C
31	A
32	Fis
33	A
34	C
35	A
36	Fis

Takt	Grundton
37	A
38	C
39	A
40	C
41	A
42	C
43	A
44	H
45	D
46	H
47	(H)
48	F, H
49	F, H
50	F, D
51	As, F
52	F
53	F, H
54	H
55	H
56	F
57	F
58	F
59	F, As
60	F
61	D
62	F
63	As
64	F
65	D
66	F
67	As
68	F
69	D
70	F
71	As
72	F
73	D
74	F
75	As
76	F
77	As
78	F

Takt	Grundton
79	As
80	-
81	F, H
82	H
83	F

Um die äquidistanten Zirkel hervorzuheben ist folgende Skizzierung möglich:

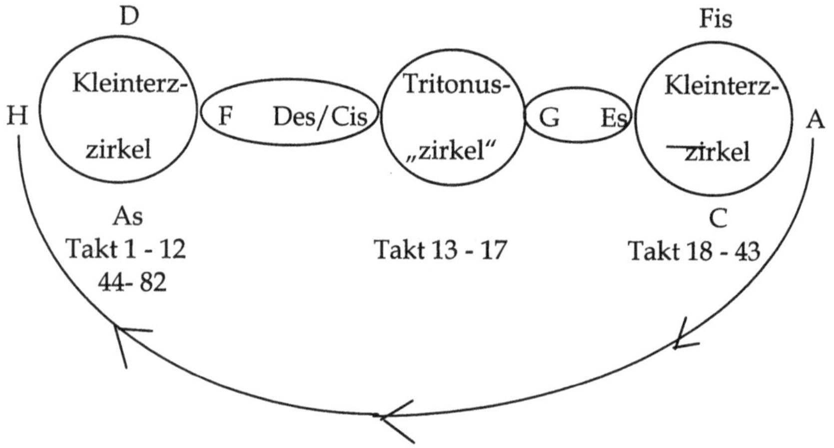

Hier ist doch recht deutlich, daß die lange Grundtonliste von oben, viel kürzer dargestellt werden kann, da die Zirkel längere Passagen des Werkes gewissermaßen auf einer Metaebene zusammenfassen.
Ob Skrjabin diese Treppen nun bewußt eingesetzt hat, oder ob deren Vorkommen lediglich die *Folge* einer anderen Denkweise ist, spielt eigentlich keine Rolle. Denn diese Zirkel lassen sich in seinen Werken nachweisen und ermöglichen es, einen übergreifenden Zusammenhang eines Werkes darzustellen.
Zusammenfassend kann man sagen, daß Skrjabin den Quintenzirkel verläßt und an seine Stelle andere, ebenfalls äquidistante Treppen oder Zirkel setzt. Es ist gewissermaßen ein isomorphes Fortschreitungssystem.
Es gibt insgesamt sechs verschiedene äquidistante Zirkel: mit Halbtönen, Ganztönen, mit kleiner oder großer Terz, in Quarten und in Tritoni. Alle anderen sind zu diesen komplementär.
Der Halbtonzirkel kommt bei Skrjabin nicht vor. Der Quintenzirkel wird ab op. 58 aufgegeben. Die beiden Terzenzirkel sind die häufigsten, seltener hingegen ist die Ganztontreppe. Der Tritonuszirkel, auch wenn er nur aus zwei Stufen besteht, kommt bei Skrjabin tatsächlich vor.
Ein Beispiel dafür ist das Poème op. 69 Nr. 2:

Poème Op. 69 Nr. 2

Poème Op. 69 Nr. 2

In diesem Stück kommen nur die beiden „Skrjabin-Akkorde" Skr.$\begin{smallmatrix}9b\\7\\6\\4<\end{smallmatrix}$ auf G und auf Des vor:

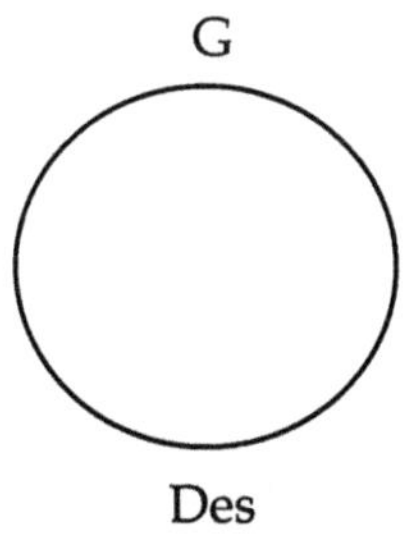

3. Teil: Die Entwicklung symmetrischer Tonsysteme

Unter Tonsystemen versteht man einen Tonbestand, ohne eine Bewertung vorzunehmen, ohne eine Hierarchie der Töne festzusetzen.
Ein Modus hingegen ist zentriert auf einen bestimmten Grundton. Insofern wäre es im Zusammenhang mit Skrjabin durchaus richtig von einem Modus zu sprechen, denn bei Skrjabin kann man von einer Zentrierung ausgehen.
Der Begriff „Modus" ist allerdings im Zusammenhang mit Messiaen insofern zweifelhaft, weil nicht sicher ist, daß Messiaen diese Modi zentriert gedacht hat. Jedenfalls ist, ohne einen konkreten musikalischen Zusammenhang zu kennen, aufgrund der symmetrischen Anlage der Modi eine eindeutige Bestimmung eines Zentrums nicht möglich.
Weil es ein feststehender Begriff ist, verwende ich allerdings den Begriff „Messiaen-Modus", auch wenn es streng genommen „Tonsystem" hätte heißen müssen.

Die Struktur der Zusammenklänge hängt grundsätzlich eng mit dem Fortschreitungssystem einerseits, und dem Tonsystem andererseits zusammen. Im letzten Teil dieser Arbeit geht es um den Zusammenhang zwischen den „Skrjabin-Akkorden", den Klangfortschreitungen und den Tonsystemen. Bei Skrjabin entstehen durch die Überlagerung der „Skrjabin-Akkorde" in äquidistanten Zirkeln unterschiedliche Tonsysteme. Ich habe mich bei der Untersuchung auf die „Messiaen-Modi" beschränkt, da diese in der weiteren Entwicklung die größte Rolle spielen.

„1. Messiaen-Modus"[58]

In der Zeit ungefähr zwischen op. 45 und op. 56 spielen für Skrjabin solche Klänge eine große Rolle, die auf die Ganztonleiter zurückgeführt werden können.
Zum Beispiel in „Poème fantasque", op. 45 Nr. 2:

[58] Bezeichnung nach Olivier Messiaen eigentlich „1. Modus mit begrenzter Transpositionsmöglichkeit" in: Technik meiner musikalischen Sprache, Paris 1966, S. 56 ff.

Presto ♩=192
Op. 45 Nr. 2
14
p
3
pp
p
6
pp
p
cresc. poco a poco
10
f
f
p
13
p
smorz.

op. 45 Nr. 2

Die Zusammenklänge dieses Stückes, sieht man mal von einigen wenigen Ornamenten wie chromatischen Durchgängen oder Wechselnoten ab, sind bestimmt durch „Skrjabin-Akkorde", die sich in einem symmetrischen Tonsystem bewegen: der Ganztonleiter, bei Messiaen der „1. Modus mit begrenzter Transpositionsmöglichkeit".

Das Bewegen in den Ganztonfeldern verbindet Skrjabin mit den französischen Impressionisten, bei denen die Entwicklung allerdings anders verlief, die Zusammenhänge, in denen Ganztonfelder vorkommen, sind bei den Impressionisten anders als bei Skrjabin. Bei ihm wechseln die komplementären Ganztonfelder relativ häufig, sie sind nur für die Struktur der Zusammenklänge in Akkorden wichtig und kein übergreifendes Tonsystem. Dieses Prinzip eines übergreifenden Tonsystems wird erst im Spätwerk Skrjabins wichtig.

Ein weiteres Beispiel für Akkorde, die aus dem Tonbestand der Ganztonleiter gebaut sind, ist „Danse languide" op. 51 Nr. 4.

„Danse languide" op. 51 Nr. 4.

Das Wechseln zwischen den komplementären Ganztonfeldern hat zur Folge, daß es keine gemeinsamen Töne benachbarter Akkorde gibt. Deshalb wirken die Töne eines neuen Akkordes besonders frisch und unverbraucht und der Harmoniewechsel ist deutlich hörbar.

Auch dieses hat, worauf Peter Petersen hingewiesen hat, eine Vorgeschichte in der Harmonik des „Tristan". Hier ein analytisches Particell von Peter Petersen, in dem dieser Aspekt, daß bei den Harmoniewechseln in das andere, jeweils komplementäre Ganztonfeld gewechselt wird, hervorgehoben ist:

Richard Wagner, „Tristan und Isolde" Takt 1 ff. Analytisches Particell von Peter Petersen

Das Verwenden alternierender Ganztonfelder verbindet Skrjabin auch mit anderen Komponisten seiner Zeit. Hier ein Beispiel aus der 1911 entstandenen 4. Sinfonie a-moll op. 63 von Jean Sibelius.

Jean Sibelius, Symphonie Nr. 4 a-moll, 1. Satz Takt 71 ff.

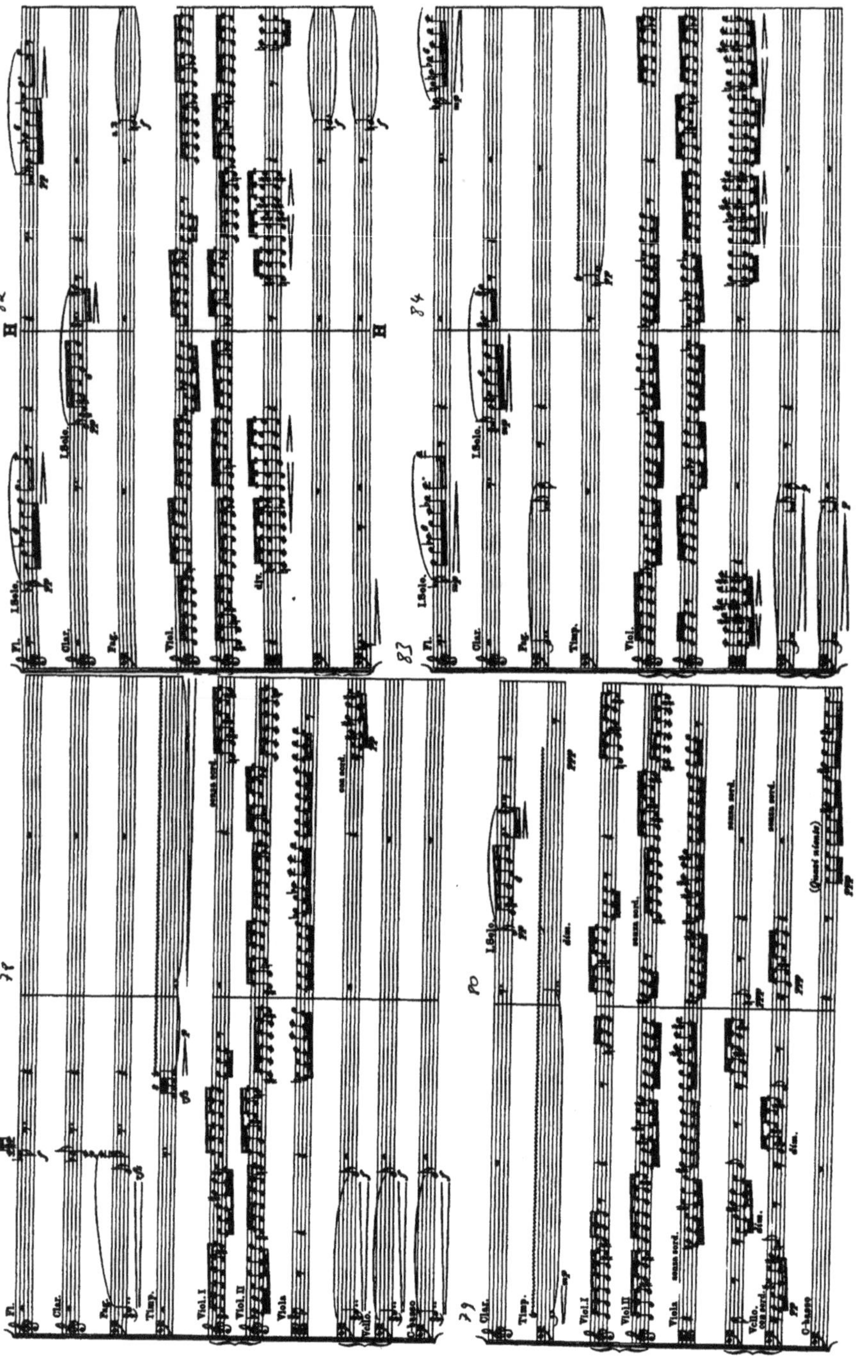

Jean Sibelius, Symphonie Nr. 4 a-moll, 1. Satz Takt 77 ff.

In diesem Beispiel gibt es zwei komplementäre Ganztonfelder, die sich abwechseln. Dabei lassen sich zwei Phasen unterscheiden:

1. reine Ganztonharmonik
2. der Übergang zum anderen Feld.

Am deutlichsten wird dieses in den Streichern: Die Tremolofigur ist zweistimmig, wobei die eine Stimme, hier die Bratschen, eine Figur spielt, die dann sequenziert wird, während die andere Stimme die Ganztonleiter aufwärts spielt.

Der Übergang zum anderen Ganztonfeld passiert nicht gleichzeitig, sondern zuerst wechselt die obere Stimme, Takt 72 die Bratschen, die untere Stimme folgt etwa eine Viertelnote später, so daß eine Konfliktzone entsteht. Die eine Stimme ist bestimmt durch das vergangene, die andere durch das zukünftige Feld, die beiden Felder werden sozusagen verzahnt, sie greifen ineinander. Auch in den dann folgenden Takten wechseln die Ganztonfelder ständig.

„2. Messiaen-Modus"

Die Verdichtung ist in Skrjabins Denken die entscheidende Kraft, die die Entwicklung vorantreibt. Im ersten Teil habe ich bereits dargelegt, daß der „Skrjabin-Akkord" aus der Verdichtung, der Überlagerung aller gängigen Dominantformen entstanden ist. Diese Verdichtung führt zum einen zur Bildung neuer Zusammenklänge, zum anderen aber auch zum Entstehen neuer Tonsysteme.

Poème - Nocturne op. 61 Takt 1 - 5

Der „Skrjabin-Akkord", der dem „Poème-Nocturne" op. 61 zugrundeliegt, mit kleiner None „eses", ergibt, wenn man seine Töne in einer Oktave notiert, folgende Skala:

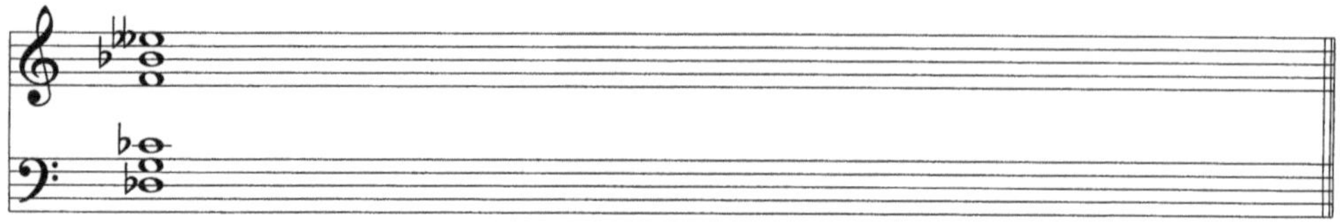

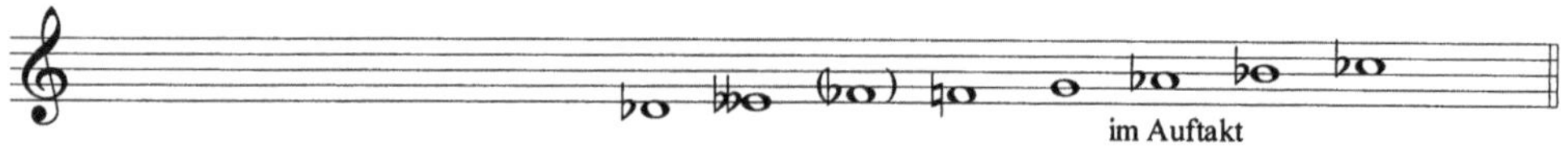

„Rimski-Korsakov-Skala" oder „2. Messiaen-Modus"

In dieser Skala wechseln sich Halb- und Ganztöne ab. Es ist die damals unter dem Namen „Rimski-Korsakov-Skala" bekannte Leiter, oder später bei Olivier Messiaen, der „2. Modus mit begrenzter Transpositionsmöglichkeit". Messiaen weist in seiner „Technik meiner musikalischen Sprache" auch auf das Vorkommen dieser Skalen bei Skrjabin hin.[59]

Wie in den oben erläuterten Werken wechseln sich auch in diesem Werk die verschiedenen Transpositionen ab. Ab Takt 4 ff. folgt eine andere Transposition.

Sowohl der „Skrjabin-Akkord" auf „A" (mit kleiner None), als auch der auf „Es" (ebenfalls mit kleiner None) bewegen sich innerhalb dieses Tonsystems.

Es folgt ab Takt 8 ff die letzte mögliche Transposition:

Poème – Nocturne op. 61 Takt 8 - 10

---

[59] Olivier Messiaen, Technik meiner musikalischen Sprache Band 1, Alphonse Leduc, Paris 1966, S. 57

Ab Takt 13 ff wird mit dem Akkord auf „G“ und auf „Des“ wieder zur Ausgangstransposition zurückgekehrt.
Symmetrische Tonsysteme entstehen nicht nur durch die Verdichtung verschiedener Dominanten, sondern sie entstehen auch aus der Verdichtung von „Skrjabin-Akkorden“ eines äquidistanten Zirkels.
Der „2. Messiaen-Modus“ ist insofern ebenfalls das Ergebnis eines Zusammenpressens, da er als eine Überlagerung von vier „Skrjabin-Akkorden“ eines Kleinterzzirkels aufzufassen ist.

„2. Messiaen-Modus“

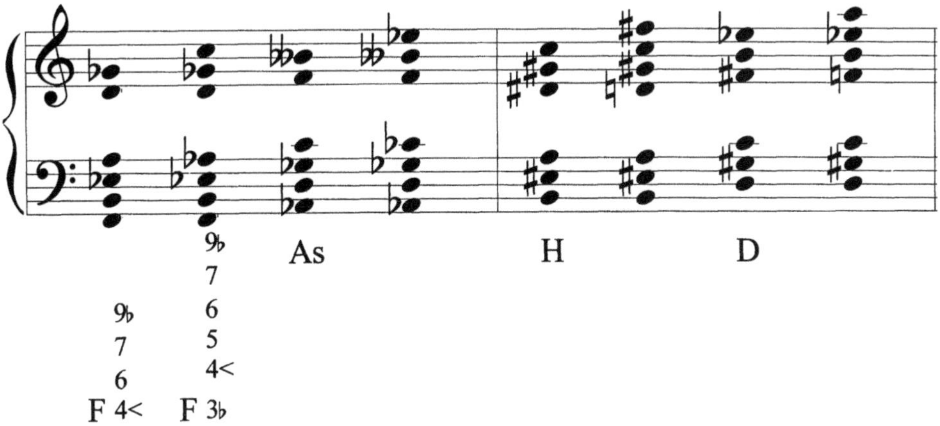

„Skrjabin-Akkorde“ im Kleinterzzirkel

6. Klaviersonate op. 62 Takt 189 - 191

Dieses Beispiel der 6. Klaviersonate op. 62 zeigt den „Skrjabin-Akkord" auf „F", „As", „H" und „D". Die Akkorde bewegen sich alle innerhalb der symmetrischen Rimski-Korsakov-Skala. Interessant ist vielleicht, daß infolge der Beziehung auf die Grundskala die gleiche eigenwillige Orthographie wie bei Messiaen entsteht. Zum Beispiel ist der H-moll-Dreiklang in der Oberstimme als „h" - „d" - „ges" notiert. Die drei Oberstimmen spielen den Modus aufwärts, in der später für Messiaen typischen Weise der Mixtur.

„3. Messiaen-Modus"

Dieser Verdichtungsprozess, der mehrere „Skrjabin-Akkorde" überlagert, beginnt schon im „Prometheus". Im Zentrum dieses Werkes steht, wie oben bereits dargestellt, ein Großterzzirkel, der die „Skrjabin-Akkorde" auf „Des", „F" und „A" überlagert. Durch diese Überlagerung entsteht im Klavier der „3. Messiaen-Modus"

Prometheus op. 60, Takt 305 - 308, Klavier

Auf den ersten Blick ist diese Stelle etwas eigenwillig notiert. In Takt 305 ist in der linken Hand ein „es" notiert, zwei Töne später dieselbe Taste des Klaviers als „dis". In Takt 306 linke Hand „ces", gleich darauf in der rechten „h", es wechseln sich laufend „h" und „b" , „f" und „fis" ab, und das alles, ohne daß es eine harmonische Progression gäbe.

Bei genauerer Betrachtung dieser Stelle stellt sich allerdings heraus, daß es sich, wie in der „Luce"-Stimme fixiert, um eine Überlagerung dreier „Skrjabin-Akkorde" handelt. Zunächst mit Zentrum „A", deswegen die Orthographie „cis" als große Terz, „dis" als übermäßige Quart „fis" als Sexte, „g" als kleine Septe und „h" als None. Dieselbe Struktur eine große Terz tiefer heißt dann entsprechend „f - a - h - d - es - g" und schließlich „des - f - g - b - ces - es".

Das Besondere an dieser Stelle ist, daß es in diesen Takten keinerlei Fortschreitungswirkung gibt. Es entsteht hier etwas Neues, nämlich daß durch die Überlagerung dreier „Skrjabin-Akkorde" eines äquidistanten Zirkels eine flächige Wirkung erzielt wird, indem ein symmetrisches Tonsystem entsteht: Messiaens „3. Modus mit begrenzter Transpositionsmöglichkeit".

3. Messiaen-Modus

Der Verdichtungsprozeß schreitet dann noch weiter voran, bis ein Tonsystem, in diesem Falle der „2. Messiaen-Modus“ zur Grundlage eines ganzen Stückes wird. Das heißt, nicht der „Skrjabin-Akkord“ bestimmt mehr die Zusammenklänge, sondern der übergreifende symmetrische Modus. Zum Beispiel in dem Prelude op. 74 Nr. 3:

Op. 74 Nr. 3

Das ganze Prelude wird auf die Grundskala auf „fis" bezogen. Das ist auch der Grund für die Orthographie: Zu Beginn ist eine verminderte Oktave „ais"- „a", als kleine und große Terz über dem Grundton „fis" und an der entsprechenden Stelle in der zweiten Hälfte eine große Septime „e"- „dis" als Septime und große Sexte auf das Zentrum „fis" bezogen notiert.

Einige Töne passen nicht exakt in den Modus. Sie sind harmoniefremde Töne, jedenfalls sind es Varianttöne des Akkordes. Die Orthographie ist so zu erklären:

Die beiden Terzen „a" bzw. „ais", die übermäßige Quarte „his", die Quinte „cis", die großer Sexte „dis", die kleine Septime „e" und die große None „gis".

In Takt 1 stellt sich also die kleine None „g" als Variante der großen dar, in Takt 3 die kleine Sexte „d" als Variante der großen.

Der wesentliche Unterschied dieser Skala zu der oben aufgeführten Form des „Skrjabin-Akkords" ist die gleichberechtigte Benutzung der großen und der kleinen Terz. Das heißt, die kleine Terz ist keine Variante der großen, sie sind gleichberechtigt, können also auch gleichzeitig vorkommen, wie im obigen Prelude in Takt 1.

Es gibt in Skrjabins Werk noch andere Belege für das Vorkommen des „3. Messiaen-Modus".

Ein Beispiel dafür ist das „Poème" op. 71 Nr. 1:

43

Poème op. 71 Nr. 1

Poème op. 71 Nr. 1

Die ersten vier Takte dieses „Poème" stehen im 3. Modus auf „es". Die Takte 5 - 8 transponieren diese Takte eine kleine Terz höher.

Die Takte 13- 18 stehen dann im 2. Modus. Die Takte 19-24 pendeln zwischen 2. und 3. Modus auf a.

Die Verdichtung ist, wie gesagt, die zentrale treibende Kraft im Denken Skrjabins. Immer wieder begegnet man ihr in seinen Werken. Auch bei der Weiterentwicklung der Tonsysteme scheint sie von entscheidender Bedeutung zu sein, denn in Takt 25 trifft man wiederum auf eine Verdichtung, dieses Mal sozusagen auf einer noch höheren Ebene. Beide Modi, der 2. und 3. Modus sind hier zusammengeschoben, verdichtet.

Das chromatische Total

Auch das chromatische Total wird durch die Verdichtung eines im Kleinterzzirkel transponierten Akkordes - ein Dur-Akkord mit großer Septime - erschlossen. In den Skizzen zur „Vorbereitende Handlung"[60] findet sich dieser Akkord, in dem der große Durseptakkord auf den Tönen c, es, fis und a erscheint:

Interessant ist noch eine weitere Version dieses Akkordes, in der die doppelt vorkommenden Töne im Akkord weggestrichen sind, so daß ein zwölftöniger, das chromatische Total erfassende Akkord entsteht. Das ist eine interessante Parallele zur Zwölftontheorie Arnold Schönbergs, nur, daß Skrjabin nicht horizontal, sondern vertikal

[60] Im Skrjabin-Museum in Moskau werden 55 Skizzenblätter aufbewahrt, vgl. Gottfried Eberle, Zwischen Tonalität und Atonalität, a.a.O., S. 114/115

denkt: Er kommt auf harmonischem Wege, und nicht wie Schönberg auf quasi-melodischem Wege, zu dieser Zwölftönigkeit.

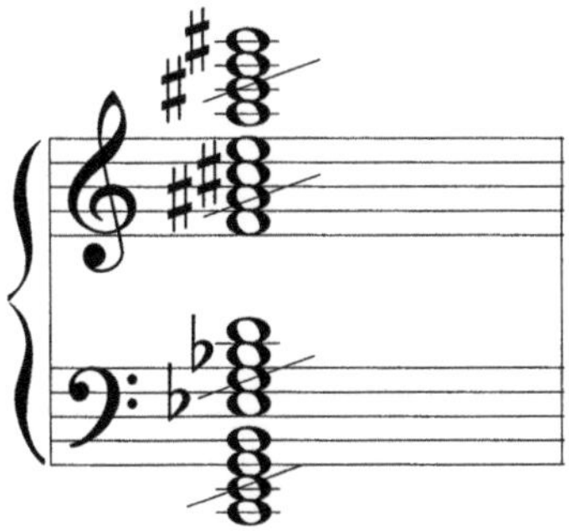

Die Entwicklung von Zwölftonakkorden wird im 20. Jahrhundert dann zunächst von Berg vorangetrieben. Wie Peter Petersen[61] zeigen konnte, spielen Zwölftonakkorde, insbesondere Zwölftonterzakkorde, im „Wozzeck“ eine Rolle. Es sind nur vier Zwölftonakkorde denkbar, die nur aus kleinen und großen Terzen bestehen. Alle kommen im „Wozzeck“ vor.
Die Entwicklung von Zwölftonakkorden wird auch von Witold Lutoslawski aufgegriffen und weitergedacht. Martina Homma[62] zitiert in ihrer Arbeit Lutoslawski: *„In erster Linie interessieren mich... Zwölftonklänge, die aus einer, zwei oder drei Intervallarten gebildet sind, (sie) haben für mich einen prägnanten, leicht identifizierbaren Charakter. Solche dagegen, die alle Arten von Intervallen enthalten, sind farblos und haben kein prägnantes Gesicht.“*
Der Akkord von Skrjabin enthält auch nur eine begrenzte Anzahl von Intervallen und könnte somit der ersten Gruppe dieser Zwölftonakkorde angehören.

Der Dur-Akkord mit großer Septe, der wie gesagt bei Skrjabin die Grundlage des Zwölftonakkordes ist, hat übrigens in Skrjabins früheren Werken schon eine Vorgeschichte. Die Entwicklung läßt sich kurz anhand folgender Beispiele skizzieren:
Die Entwicklung geht vom chopinesken, dur-moll-tonal gebundenen Stil, in dem Prelude op. 11 Nr. 22

---

61 Peter Petersen, Alban Berg, Wozzek, Eine semantische Analyse unter Einbeziehung der Skizzen und Dokumente aus dem Nachlaß Bergs, in: Musik-Konzepte, herausgegeben von Heinz-Klaus Metzger und Rainer Riehn, Sonderband, München 1985, S. 103 ff.

62 Homma, Martina, Witold Lutoslawski: Zwölfton-Harmonik, Formbildung, "aleatorischer Kontrapunkt"; Studien zum Gesamtwerk unter Einbeziehung der Skizzen, Bela-Verlag, Köln 1996, S. 67 (445) f.

Prelude op. 11 Nr. 22 Takt 1 - 4

über die Mazurka op. 25 Nr. 2 zum Prelude op. 27 Nr. 2.

Prelude op. 27 Nr. 2 Takt 1 – 8

In „Nuances“ op. 56 Nr. 3 sind diese Akkorde mit großer Septime in den mittleren Stil integriert, der mit vielen Dissonanzen angereichert die Entwicklung der Harmonik vorantreibt.

32

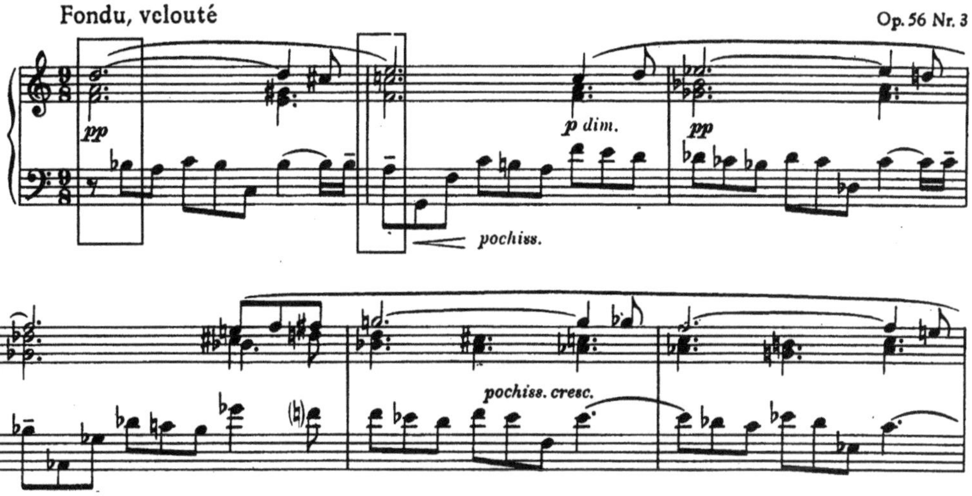

Nuances op. 56 Nr. 3 Takt 1 - 6

Schließlich ist das „Poème“ op. 71 Nr. 1 ein Beispiel für das Vorkommen von Akkorden mit großer Septime im späten, nicht mehr dur-moll-tonal gebundenen Stil.

43

Poème op. 71 Nr. 1 Takt 1 - 8

Diese Entwicklung mündet dann in dem oben aufgeführten zwölftönigen, das chromatische Total erschließenden Akkord.

Die Tonalität bei Skrjabin

Zum Schluß möchte ich mich noch mit der Frage befassen, ob Skrjabins Musik seit dem „Prometheus" als tonal zu bezeichnen ist.
In dem Artikel im „Handwörterbuch der musikalischen Terminologie" werden bei aller Verschiedenheit der Definitionen des Begriffes „Tonalität" im historischen Überblick doch gewisse Gemeinsamkeiten deutlich. Diese werden schon in dem dort aufgeführten Artikel *Tonalité* aus dem auf die Kirchenmusik ausgerichteten d'OrtigueD (Paris 1853) erwähnt: Im engsten Sinne meine „tonalité" die Vorherrschaft eines bestimmten Akkordes oder Tones, in erweiterter Bedeutung die einer Tonart während einer Komposition und im weitesten, zeitgemäßen Sinne die Dominanz eines „Musiksystems" über alle anderen im menschlichen Ohr und Organismus. [63]

Die Gemeinsamkeiten sind:
1. Von Beginn an spielt die Verbindung des Begriffs „Tonalität" mit den Begriffen „Tonleiter" und „Tonart" eine große Rolle. Im romanischen und angelsächsischen Sprachgebrauch ist das Wort für „Tonalität" bis heute oft ein Synonym für „Tonart". Die Limitierung auf die siebenstufige diatonische Skala wird in Frankreich schon früh, 1831 von J.-J. de Momigny, erweitert.[64] Auch bei Hugo Riemann bedeutet Tonalität einen um leiterfremde Töne erweiterten Begriff von Tonart: *"Dieser moderne Begriff der Tonart oder, wie man zum Unterschied vom alten Tonartbegriff sagt, der Tonalität, ist aber nicht an die Tonleiter gebunden; es können auch Klänge, welche leiterfremde Töne benutzen, im Sinne der Tonika aufgefaßt werden und erhalten danach diese eigenartige Bedeutung..."*[65] Der musikalische Bezug zur Tonika drückt sich in der Orthographie aus.

2. Die Bezogenheit aller Töne oder Klänge auf ein Zentrum ist ein weiteres Merkmal der Tonalität. Hugo Riemann schreibt: *„Tonalität, ein moderner Begriff, der sich nicht völlig mit ‚Tonart' deckt, da die Bedeutung der Tonalität weit über die Grenzen der durch die Tonleiter repräsentierten Tonart hinausreicht. Tonalität ist die eigentümliche Bedeutung, welche die Akkorde erhalten durch ihre Bezogenheit auf einen Hauptklang, die Tonika."*[66] Ernst Kurth

[63] Vgl. Michael Beiche, Tonalität, Handwörterbuch der musikalischen Terminologie, Franz Steiner Verlag, Stuttgart, 20.Auslieferung 1992, S. 6

[64] Beiche, a.a.O., S. 6

[65] Hugo Riemann, Die Natur der Harmonik, Sammlung mus. Vorträge IV, Leipzig, 1882, S. 188, hier zitiert nach Beiche, a.a.O., S. 9

[66] Hugo Riemann, Die Natur der Harmonik 923 a, zitiert nach Beiche, a.a.O., S. 9

genügt als Tonika die *„zumindest [...] ideelle Rekonstruierbarkeit eines tonartlichen Zentrums."*[67]

3. Im 20. Jahrhundert wird Tonalität auch zu einem Ausdruck für Kompositions- und Ordnungsprinzip, das primär dem Erzielen von Einheit und Zusammenhang dient. Arnold Schönberg schreibt in späteren Auflagen seiner Harmonielehre: *„Die Tonalität ist eine sich aus dem Wesen des Tonmaterials ergebende formale Möglichkeit, durch eine gewisse Einheitlichkeit eine gewisse Geschlossenheit zu erzielen."*[68] Durch das Erkennen eines Ordnungsprinzips ist es möglich, eine tonale Harmonik zu systematisieren.

Im Folgenden seien einige Argumente aufgeführt, die dafür sprechen, Skrjabins Harmonik insgesamt als tonal zu verstehen. Dabei sind die drei wichtigsten Kriterien für Tonalität, Orthographie, Zentrierbarkeit, und Systematisierbarkeit, relevant.

Orthographie

Musikalische Bezüge drücken sich in der Orthographie aus. Durch die unterschiedlichen tonalen Bedeutungen und Funktionen der Töne gibt es eine deutliche Hierarchie. Die einzelnen Töne sind in einer tonalen Musik keineswegs gleichberechtigt. H. Pfrogner sieht in der Orthographie ein deutliches Unterscheidungsmerkmal zwischen tonal und atonal: *„Die enharmonische Zwölfordnung* [der erste Typus] *ist ‚tonal'; wir nennen sie so, weil sie – beispielsweise – den Tonwert c ebenso bejaht wie his und deses... Den zweiten Typus stellt die abstrakt-temperierte Zwölfordnung dar... Sie ist ‚atonal', das heißt.: sie verneint die Tonwerte c, his und deses...* [,]*die sie durch einen, von uns ‚abstrakt-temperiert' genannten Tonwert ersetzt. Wir erblicken in diesem Akt der Negation von c, his und deses und ihrer Ersetzung durch einen ‚abstrakt-temperierten' Tonwert das ausschließliche Kriterium der Atonalität."*[69]
Die manchmal kompliziert aussehende Orthographie Skrjabins ist auf die Bezogenheit auf einen Grundton zurückzuführen. Demnach ist die Tonsprache Skrjabins tonal.

Der Bezug auf ein Zentrum

Harmonische Tonalität beruht im Wesentlichen auf drei tragenden Säulen:
1. Auf Akkorden, die mehr oder weniger tonal qualifiziert sein können. Die verwendeten Akkorde eines musikalischen Stiles bestimmen deutlich das Klangbild. Schon in den alten Traktaten und Kontrapunktlehren nimmt das Problem der Zusammenklänge, also von Konsonanz und Dissonanz, eine zentrale Stellung ein. Auch modernere Harmonielehren haben die zentrale Aufgabe, Akkorde, die in der Literatur vorkommen, zu benennen, zu klassifizieren und zu erklären.

---

[67] Ernst Kurth, Romantische Harmonik und ihre Krise in Wagners „Tristan", Bern 1920, S. 306, Beiche, a.a.O., S. 10

[68] Arnöld Schönberg, Harmonielehre, 3.Auflage, Wien, 1922, S. 28f.

[69] H. Pfrogner, Die Zwölfordnung der Töne, Zürich, Leipzig und Wien 1953, S. 16f., Beiche, a.a.O. S. 15

2. Auf Akkordfortschreitungen, bei denen die Grundtöne mehr oder weniger tonale Beziehungen aufweisen können. Die genaue Untersuchung der Klangfortschreitungen unterscheidet das harmonische vom kontrapunktisch-melodischen Denken.

3. Auf Tonsystemen, deren Tonbestände mehr oder weniger tonale Implikationen haben können. Als Komplexe von Tonbeziehungen bilden sie die Grundlage auch für die Melodiebildung, indem sie die Tonbestände be- bzw. abgrenzen.

Diese drei Säulen der harmonischen Tonalität hängen eng miteinander zusammen. Die Veränderung einer dieser Grundlagen zieht zwangsläufig die Veränderung der anderen beiden nach sich. Skrjabin verändert zunächst die Zusammenklänge, was eine Anpassung der Klangfortschreitungen nach sich zieht. Dieses wiederum führt zur Bildung neuer Tonsysteme.
Die Zentrierbarkeit betrifft alle drei oben aufgeführten Grundsäulen.

1. Akkorde
Akkorde basieren auf einem Grundton. Über diesen Grundton werden andere Töne aufgebaut, die auf ihn bezogen sind, auch wenn er nicht in der tiefsten Stimme liegt.

Die Akkorde bei Skrjabin sind eindeutig auf einen Grundton bezogen. Selbst wenn ein Klang isoliert gehört mehrdeutig ist, ist aufgrund der Orthographie Skrjabins und des musikalischen Zusammenhangs eine eindeutige Bestimmung des Grundtones möglich.

2. Klangfortschreitungen
Klangfortschreitungen sind durch „Tonikalität" zentriert. Dieses findet in der Tatsache seinen Niederschlag, daß das tonikale Zentrum am Anfang eines Werkes und der letzte Klang eines Werkes identisch sind. Das heißt ein Werk muß nicht mit dem tonikalen Akkord beginnen, jedoch das Zentrum des ersten Abschnittes ist deutlich auf diesen bezogen.

In den Werken Skrjabins kann man eine solche Justierung nachweisen. Diese ist meist ganz offensichtlich, manchmal jedoch etwas versteckter. Der Schlußakkord des „Prometheus" z. B. ist ein Fis-Dur Dreiklang, also ein Klang mit Zentrum „Fis". Der Anfangsklang jedoch basiert auf dem Grundton „A". Bei genauerer Betrachtung kann man jedoch feststellen, daß das Werk mit einem Kleinterzzirkel „A" - „Es" - „C" - „Fis" beginnt. Diesen Kleinterzzirkel hat Skrjabin offensichtlich auf das Zentrum „Fis" bezogen, denn in der „Luce"-Stimme, in der ja die Grundtöne fixiert sind, ist als Akkordgrundton das „A" notiert, als Zentrum der ganzen Passage aber das „Fis".
Bei Skrjabin ist das Klangfortschreitungssystem also auf einen Zentralklang justiert, also auch in dieser Hinsicht tonal.

3. Tonsysteme
Tonsysteme bilden den Tonbestand, aus dem dann Leitern und Modi abgeleitet werden. Diese Modi sind auf einen Zentralton bezogen. Die Grundlage, die eine Zentrierung ermöglicht, ist in der Tradition die asymmetrische Oktavteilung in Quarte + Quinte bzw. Quinte + Quarte.

Die Tatsache, daß bei Skrjabin Tonsysteme vorkommen, die nicht die asymmetrische, sondern die symmetrische Oktavteilung zur Grundlage haben, widerspricht also zunächst einmal einer Zentrierung.
Bei genauerer Betrachtung stellt sich jedoch heraus, daß, wie z. B. in dem oben aufgeführten Prelude op. 74 Nr. 3, sehr sparsam verwendete kleine Zusatztöne die vollkommene Symmetrie stören und diese auf diese Weise aus dem Gleichgewicht bringen, so daß auch die Tonsysteme zu Modi, und damit zentriert werden.
Auch in dieser Hinsicht ist die Musik Skrjabins also als tonal zu bezeichnen.

Systematisierbarkeit
Harmonielehren haben die zentrale Aufgabe eine zur Tradition gewordene Harmonik reproduzierbar zu machen. Harmonische Tonalität läßt sich in einem formalen System erfassen. Diese formalen Systeme zu entwickeln und genau zu beschreiben ist eine der wichtigsten Aufgaben der Harmonielehren.
In einem formalen System gibt es Axiome und Schluß-Regeln.[70] Diese Axiome sind in den Harmonielehren die Festlegung von Konsonanzen und Dissonanzen, anders ausgedrückt die Akkorde. Die Schluß-Regeln sind die Gesetze der Akkordverbindung und Akkordfortschreitung. Eine Harmonik, die sich in einem solchen formalen System fassen und darstellen läßt, indem man mögliche Akkorde und klare Schluß-Regeln benennt, würde ich deshalb als tonal bezeichnen.
Die Harmonik Skrjabins läßt sich in einem solchen formalen System fassen und ist deshalb tonal zu nennen.
Aufgrund all dieser hier aufgeführten Argumente muß man die Klangsprache Skrjabins insgesamt als tonal bezeichnen. Es handelt sich allerdings um eine neue, eine verwandelte Tonalität, da es weder reine Dreiklänge, noch Quintverwandtschaften, noch diatonische Tonleitern gibt. Diese sind aber keine Voraussetzung für Tonalität. Hermann von Helmholtz legt schon 1863 Tonleitern und Tonalität die Prämisse zugrunde, daß *„das System der Tonleitern, der Tonarten und deren Harmoniegewebe nicht bloß auf unveränderlichen Naturgesetzen beruht, sondern daß es zum Teil auch die Konsequenz ästhetischer Prinzipien ist, die mit fortschreitender Entwicklung der Menschheit einem Wechsel unterworfen gewesen sind und ferner noch sein werden“*[71]

[70] Vgl. Douglas R. Hofstadter: Gödel, Escher, Bach, Stuttgart, 1988, S. 39

[71] Hermann. von Helmholtz, Die Lehre von d. Tonempfindungen als physiologische Grundlage für d. Theorie d. Musik, Braunschweig 1863, S. 386, hier zitiert nach: Beiche, a.a.O., S. 7

Fazit

Am Schluß möchte ich zu der Ausgangsfragestellung zurückkehren:
Was hat sich im Verlauf der Entwicklung Skrjabins verändert, was ist gleichgeblieben?
Die Entwicklung Skrjabins umfaßt eine atemberaubende Spanne.
Skrjabins erste Werke sind in einem Stil gehalten, den man als „chopinesk" bezeichnen könnte. Im Verlaufe der Entwicklung streift er die Gedankenwelt so unterschiedlicher Komponisten, wie Wagner, die französischen Impressionisten, Mahler, Sibelius, die Zweite Wiener Schule, bis hin zu Messiaen. Dabei steht es außer Frage, daß Skrjabin die Klangwelt dieser Komponisten nur streift, denn er entwickelt eine ganz persönliche, unverwechselbare und einzigartige Klangsprache.
Er macht eine allmähliche und völlig konsequente Entwicklung durch. Es gibt in seinem Gesamtwerk nirgends einen wirklichen Bruch. Jeder Schritt folgt aus dem vorhergehenden.

Die in dem „Chopin-Akkord" angelegten Tendenzen werden folgerichtig weitergedacht. Durch die Verdichtung verschiedener Dominantformen gelangt er über eine an Richard Wagner angelehnte Harmonik („Tristan-Akkord"), über die Verwendung von Akkorden, die auf Ganztonfeldern basieren, zum Prometheus-Akkord. Dabei schält sich die Strukturidee des „Skrjabin-Akkords" heraus, die für sein späteres Werk bestimmend wird.

Die Veränderungen im Bereich der Struktur der Zusammenklänge ziehen zwingend ein neues Klangfortschreitungssystem nach sich. Die Quintverwandtschaft der Akkorde ist für diese Harmonien nicht mehr tragfähig. Der äquidistante Quintenzirkel wird durch andere, ebenfalls äquidistante Zirkel ersetzt.

Neue Akkorde in einem neuen Klangfortschreitungssystem wiederum bewirken die Bildung neuer Tonsysteme. Durch die Verdichtung von „Skrjabin-Akkorden" in äquidistanten Zirkel entstehen symmetrische Tonsysteme, an die dann Olivier Messiaen anknüpft. Schließlich kommt es zur Erschließung des chromatischen Totals.

Die entscheidende, treibende Kraft im Denken Skrjabins ist, denke ich, die Verdichtung. So verdichtet Skrjabin verschiedene Strukturen mit mindestens einer gemeinsamen Komponente. Diese werden überlagert und zusammengeschoben, so daß neue, stilbildende Strukturen entstehen.
Die Verdichtung scheint ein grundsätzlicher Zug in Skrjabins Denken zu sein, was auch in anderen Zusammenhängen deutlich wird. Im Tagebuch von 1904/05 beschäftigt Skrjabin sich mit dem Begriff der Ekstase: *„Schöpferischer Drang bringt uns ins Gebiet der Ekstase – außerhalb Raum und Zeit. (...) Ekstase ist höchste Steigerung der Tätigkeit, Ekstase ist*

ein Gipfel. (...) In der Form des Denkens ist Ekstase – höchste Synthese."[72] Verdichtung hat bei Skrjabin auch die Bedeutung von Verschmelzung. Sabaneev gegenüber bekannte Skrjabin ausdrücklich: *„Die schöpferische Erregung hat alle Zeichen des Sexuellen."*[73]
Auch in seiner Idee vom „Mysterium", einem synthetischen Gesamtkunstwerk, in dem alle Kunstarten vereinigt werden sollten, in dem alle Sinnesreize aufeinander bezogen werden, neben Wort und Ton auch Farben und Geruchs- und Geschmacksempfindungen, Tanz, Gefühle und Berührungen, spiegelt sich dieser Drang zur Verdichtung wider. Er wollte damit nicht nur alle Künste synästhetisch vereinigen, sondern es sollte eine liturgische Feier werden, die die ganze Menschheit zusammenführt.

Durch die Berührungspunkte mit anderen Komponisten seiner Zeit findet man in Skrjabins Werken die zentralen Fragestellungen der Musik um die Jahrhundertwende vom 19. zum 20. Jahrhundert in verdichteter Form vor. Skrjabin verbindet auf diese Weise das 19. mit dem 20. Jahrhundert, denn er versucht traditionelle Denkmodelle auf die neuen Strukturen zu übertragen, oder Äquivalente bzw. Isomorphien zu entwickeln.

Das Ergebnis der Verdichtungs- und Übertragungsarbeit ist eine einzigartige, persönliche Klangsprache Skrjabins.

Zurück zum zweiten Aspekt der Ausgangsfrage: Was bleibt eigentlich erhalten?
Tonalität – in verwandelter, neuer Form.

---

[72] hier zitiert nach Sigfried Schibli, Alexander Skrjabin und seine Musik, Grenzüberschreitungen eines prometheischen Geistes, München 1983, S. 307

[73] Sabaneev, Leonid: Vospominanija o Skrjabine (Erinnerungen an Skrjabin), Moskau 1925, S. 265 zitiert in Sigfried Schibli, Alexander Skrjabin und seine Musik, S. 307

Literatur

Beiche, Michael: Tonalität, in: Handwörterbuch der musikalischen Terminologie, 20.Auslieferung Stuttgart: Steiner 1992

Boegner, Helga: Die Harmonik der späten Klavierwerke Skrjabins, Diss. München, 1955

Breig, Werner: „vagierender Akkord" in: Handwörterbuch der musikalischen Terminologie, Stuttgart: Steiner 1973

Cheetham, John Everett: Quasi-serial techniques in the later piano works of Alexander Skrjabin, Washington 1969

Dahlhaus, Carl: Alexander Skrjabin. Aus der Vorgeschichte der atonalen Musik, in: Deutsche Universitätszeitung, 1957, XII/21, S. 18-23

Dahlhaus, Carl: Struktur und Expression bei Alexander Skrjabin, in: Musik des Ostens, 6, 1972 , S. 197-203, wieder abgedruckt in: Carl Dahlhaus Schönberg und andere. Gesammelte Aufsätze zur Neuen Musik, Mainz 1978, S. 227-303

Danilevic, L.: A. N. Skrjabin, übertragen von Margarete Hoffmann, Leipzig 1954

Danuser, Hermann: Tristanakkord in: MGG, zweite, neubearbeitete Ausgabe, Sachteil, Bd. 9, S. 831 – 843, Kassel: Bärenreiter 1998

Dernova, Vera P.: Skrjabins Einfluß auf das musiktheoretische Denken unseres Jahrhunderts, in der Übersetzung von Doris Leitinger, in: Alexander Skrjabin, Studien zur Wertungsforschung, Bd. 13, herausgegeben von Otto Kolleritisch, Graz 1980, S. 142-154

Dickenmann, Paul: Die Entwicklung der Harmonik bei A. Skrjabin, Diss. Bern-Leipzig 1935 (Reprint Nendeln 1978)

Eberle, Gottfried: Zwischen Tonalität und Atonalität, Studien zur Harmonik Alexander Skrjabins, München/Salzburg: Katzbichler 1978

Erpf, Hermann: Studien zur Harmonie und Klangtechnik der Neuen Musik, Wiesbaden 1927

Freud, Sigmund: Über den Traum, in: Grenzfragen des Nerven- und Seelenlebens, hrsg. von L. Löwenfeld und H. Kurella, Wiesbaden 1901, im Text zitiert nach: Über Träume und Traumdeutungen, Frankfurt am Main, Fischer 1971

von Gleich, Clemens-Christoph: Die sinfonischen Werke von Alexander Skrjabin, Bilthoven 1963

Gut, Serge: Skrjabin: Vermittler zwischen Debussy und Schönberg, in: Alexander Skrjabin, Studien zur Wertungsforschung, Bd. 13, herausgegeben von Otto Kolleritisch, Graz 1980, S. 85-94

Drechsler, Joseph: Harmonie- und Generalbaßlehre, Wien 1816

Förster, Emanuel Aloys: Anleitung zum Generalbaß, Wien 1805

Hoffmann-Erbrecht, Lothar: Skrjabins „Klangzentrenharmonik" und die Atonalität, in: Bericht über den Internationalen musikwissenschaftlichen Kongreß Bonn 1970, S. 438-441

Helmholtz, Hermann von: Die Lehre von den Tonempfindungen als physiologische Grundlage für die Theorie der Musik, Braunschweig 1863, Nachdruck Darmstadt 1968

Hofstadter, Douglas R.: Gödel, Escher, Bach, Stuttgart: Klett-Cotta 1988

Homma, Martina: Witold Lutosławski: Zwölfton-Harmonik, Formbildung, "aleatorischer Kontrapunkt"; Studien zum Gesamtwerk unter Einbeziehung der Skizzen, Köln: Bela 1996

Kelkel, Manfred : Alexandre Scriabine. Sa vie, l'ésotérisme et le langage musical dans son œuvre, Paris 1978

Kurth, Ernst: Romantische Harmonik und ihre Krise in Wagners „Tristan", Bern 1920

Kolleritsch, Otto (Hg.), Alexander Skrjabin, Studien zur Wertungsforschung, Bd. 13, Graz 1980

Laux, Karl: Die Musik in Rußland und in der Sowjetunion, Berlin: Henschel 1958

Lissa, Zofia: Geschichtliche Vorform der Zwölftontechnik, in: Acta musicologica, 7, 1935, S. 15-21

Mauser, Siegfried: Harmonik im Aufbruch, Anmerkungen zu Skrjabins Prélude op. 74/1, in: Aleksandr Skrjabin und die Skrjabinisten II, Musik-Konzepte 37/38, Herausgegeben von Heinz-Klaus Metzger und Rainer Riehn, München: edition text + kritik 1984

Messiaen, Olivier: Technik meiner musikalischen Sprache, Paris 1966

Metzger, Heinz-Klaus und Riehn, Rainer (Hg.), Aleksandr Skrjabin und die Skrjabinisten, Musik-Konzepte 32/33, Herausgegeben von Heinz-Klaus Metzger und Rainer Riehn, München: edition text + kritik 1983, Aleksandr Skrjabin und die Skrjabinisten II, Musik-Konzepte 37/38, München 1984

Perle, George: Serial Composition and Atonality, Berkeley 1963

Petersen, Peter: Alban Berg, Wozzeck, Eine semantische Analyse unter Einbeziehung der Skizzen und Dokumente aus dem Nachlaß Bergs (= Musik-Konzepte, herausgegeben von Heinz-Klaus Metzger und Rainer Riehn, Sonderband) München 1985

Pfrogner, H.: Die Zwölfordnung der Töne, Zürich, Leipzig und Wien 1953 im Text zitiert nach: Beiche, Michael: Tonalität, in: Handwörterbuch der musikalischen Terminologie, 20.Auslieferung Stuttgart, Steiner 1992

Riemann, Hugo: Die Natur der Harmonik, Sammlung mus. Vorträge IV, Leipzig 1882

Sabaneev, Leonid: Vospominanija o Skrjabine (Erinnerungen an Skrjabin), Moskau 1925 (teilweise zitiert in: Musik-Konzepte 32/33, Aleksandr Skrjabin und die Skrjabinisten, hrsg. v. von Heinz-Klaus Metzger und Rainer Riehn, München 1983, S. 5 –10)

Sachalteva, Olga: 0 garmonii Skrjabina, Moskau 1965 (im Text: zitiert nach Gottfried Eberle: Zwischen Tonalität und Atonalität, Studien zur Harmonik Alexander Skrjabins), München/Salzburg: Katzbichler 1978

Schibli, Sigfried: Alexander Skrjabin und seine Musik, Grenzüberschreitungen eines prometheischen Geistes, München: Piper 1983

de Schloezer, Boris: Alexandre Scriabine, in Revue Musicale, 2, 1921, H. 9, S. 28 - 46, Reprint Band 4, Amsterdam : Swets & Zeitlinger 1966

Schönberg, Arnold: Harmonielehre, Wien 1911, hier: 3. Auflage, Wien 1922

Vogler, Georg Joseph: Handbuch für Harmonielehre und für den Generalbaß, Wien 1802

Vogler, Georg-Joseph: Tonwissenschaft und Tonsezkunst, Mannheim 1776, Nachdruck Hildesheim 1970

Verwendete Noten

Bach, Johann Sebastian, Matthäus-Passion, BWV 244, Neue Ausgabe Sämtlicher Werke, hrsg. vom Johann-Sebastian-Bach-Institut Göttingen und vom Bach-Archiv Leipzig, Serie II, Band 5, Kassel: Bärenreiter 1972,

Bach , Johann Sebastian, 371 vierstimmige Choralgesänge, Breitkopf & Härtel, Wiesbaden

Beethoven, Ludwig van, Sämtliche Streichquartette Band I: Opus 18 Edition Peters Leipzig

Beethoven, Ludwig van, Symphonie Nr. 2 D Dur Opus 36, Edition Peters, Leipzig o.J.

Beethoven, Ludwig van, Klaviersonaten Band II, Urtext, G. Henle Verlag, München 1980

Chopin, Frédéric, Mazurken, nach Abschriften und Erstausgaben herausgegeben von Ewald Zimmermann, G. Henle Verlag München, 1975

Liszt, Franz, Trois Etudes de Concert, nach Quellen herausgegeben von Rena Charinin Mueller und Wiltrud Haug-Freienstein, G. Henle Verlag, München 1998

Liszt, Franz, Ce qu´on entend sur la montagne, Breitkopf und Härtel, Leipzig 1904

Liszt, Franz, Années de Pèlerinage, Deuxième Année - Italie, nach Autographen, Abschriften und der Originalausgabe herausgegeben von Ernst Herttrich, G. Henle Verlag, München 1978

Mahler, Gustav, A performing version of the draft for the Tenth Symphony, prepared by Deryck Cooke, Associated Music Publishers, Inc., New York 1966

Ravel, Maurice, Daphnis and Chloe, Dover Publications, Inc. New York

Schönberg, Arnold, Kammersymphonie für 15 Solo-Instrumente op. 9, hrsg. von Christian Martin Schmidt in: Sämtliche Werke hrsg. von Josef Rufer, Abteilung IV, Reihe A, Band 11, Mainz: Schott 1976

Schubert, Franz, Lieder, Neue Ausgabe /Band II, Lieder op. 1 - op. 36, herausgegeben von Dietrich Fischer-Dieskau, Musikwissenschaftliche Revision von Elmar Budde, C. F. Peters, 1986

Schubert, Franz, Lieder, Heft 2, Winterreise op. 89, Urtext der Neuen Schubert-Ausgabe, herausgegeben von Walther Dürr, Bärenreiter-Verlag, Kassel 1979

Schubert, Franz, Quartett d-moll op. posth. „Der Tod und das Mädchen", Ernst Eulenburg, Leipzig

Sibelius, Jean, Symphonie Nr. 4 a-moll, Breitkopf & Härtel, Wiesbaden

Skrjabin, Alexander, Klavierwerke Bde. I - VI, Edition Peters, Leipzig

Skrjabin, Alexander, Prometheus, Le Poème du feu Op. 60, Ernst Eulenburg Ltd., London

Wagner, Richard, Tristan und Isolde, WWV 90, Sämtliche Werke Band 8, I, hrsg. von Isolde Vetter, Mainz: Schott 1990